好玩的金融 ❶

钱是怎么流动的

[美] 沃尔特·安达尔（Walter Andal）著

刘国平 戴韵佳 译

机械工业出版社

CHINA MACHINE PRESS

Finance 101 for Kids: Money Lessons Children Cannot Afford to Miss

Copyright ⓒ2016 by Walter Andal

All rights reserved.

The simplified Chinese translation rights arranged through Rightol Media （本书中文简体版权经由锐拓传媒旗下小锐取得 E-mail:copyright@rightol.com）.

此版本仅限在中国大陆地区（不包括香港、澳门特别行政区及台湾地区）销售。未经出版者书面许可，不得以任何方式抄袭、复制或节录本书中的任何部分。

北京市版权局著作权合同登记 图字：01-2021-5481号。

图书在版编目（CIP）数据

好玩的金融. 1，钱是怎么流动的 /（美）沃尔特·安达尔（Walter Andal）著；刘国平，戴韵佳译. — 北京：机械工业出版社，2024.1

书名原文：Finance 101 for Kids: Money Lessons Children Cannot Afford to Miss

ISBN 978-7-111-74518-1

Ⅰ.①好… Ⅱ.①沃…②刘…③戴… Ⅲ.①金融学 – 青少年读物 Ⅳ.①F830-49

中国国家版本馆CIP数据核字（2023）第242628号

机械工业出版社（北京市百万庄大街22号 邮政编码100037）

策划编辑：刘文蕾　　　　　责任编辑：刘文蕾 丁 悦
责任校对：王荣庆 张 薇 责任印制：张 博
北京联兴盛业印刷股份有限公司印刷
2024年4月第1版第1次印刷
130mm×184mm·4印张·51千字
标准书号：ISBN 978-7-111-74518-1
定价：99.00元（共2册）

电话服务　　　　　　　　　网络服务
客服电话：010 - 88361066　　机 工 官 网：www.cmpbook.com
　　　　　010 - 88379833　　机 工 官 博：weibo.com/cmp1952
　　　　　010 - 68326294　　金 书 网：www.golden-book.com
封底无防伪标均为盗版　　　机工教育服务网：www.cmpedu.com

致　谢

我想感谢以下为本书做出贡献的人：

感谢我的编辑，丽萨·罗贾尼，感谢她的专业建议、指导和花在润色手稿上的时间。

感谢我的插画师，理查德·彼得·戴维，为他的能力、耐心和勤奋工作致谢。

感谢米歇尔·布朗、阿里·麦克马纳蒙和密尔城出版社，感谢他们始终如一地提供世界一流的客户服务。

感谢坎迪斯·罗伊、格蕾丝·马莫洛和詹妮弗·布雷西尼提供的建议、反馈和帮助。

最特别的感谢要送给我了不起的妻子，安妮，感谢她永远在我身边。她是我的磐石和灵感。

最后，我要把这本书献给我们的四个好孩子：加布里埃尔、安吉洛、雅各布和 TJ。他们是哪个爸爸都想要的好孩子。

给家长的话

　　一次在商场闲逛时，我 9 岁的儿子安吉洛看见游戏商店展出了一款任天堂 3D 游戏机。他礼貌地问我会不会给他买这款掌上游戏机，我当时告诉他，我没有足够的钱。然而他天真地对我说："爸爸，你不需要钱呀，只需要刷你的信用卡就行啦！"

　　像安吉洛一样，很多正在读小学的孩子们仍然认为使用信用卡是不需要花钱的。在做了更深入的调查之后，我发现，许多中学生即使在学业上表现得很出色，但对于储蓄、信用、投资和金融等概念的理解也非常有限。

　　我们都知道个人理财的重要性。在做消费预算、申请贷款，以及投资的时候都会用到金融知识。一个错误的财务决策会很大程度影响我们的生活。因此，了解基础的金融知识在当今很有必要。但是即使我们都知道财务管理有多么重要，孩子们在学校里却很难有机会学到这些。在高中的经济和数学课上，学校会引入金融的概念，但大部分孩子从没有真正上过一堂有关金融实际运行机制的课，比如信用卡到底是如何使用的，或是过多的债务以及延期付款带来的影响。只有那些选择在大学里学习金融课程的学生，才会真正意识到金融是什么。

作为家长，我坚信我需要尽早教会我的孩子们财务管理。正如体育运动能增强意志力和团队协作能力，练习武术能构建自律能力，音乐和艺术有助于提高创造力和自我表达能力，同样，适时的财务管理教育以及训练能够帮助孩子建立良好的财务习惯。在当今这个电子商务流行、消费量增加的世界里，孩子们应当对金融有很清晰的认知，以避免他们日后被巨额贷款缠身，或债务累累，或是不加节制地消费。

我的母亲在我们很小的时候就教会我们金钱的价值和储蓄的意义。她鼓励我们存钱，让我们每个人分别开通了自己的储蓄账户，把每周攒下的零花钱以及收到的作为礼物的钱存进账户里。她还教我们要负责任地消费。我非常赞同我的母亲以及其他一些父母的做法，他们都在尽早给孩子灌输金钱和金融的概念，这点做得相当出色。对于那些还没有开始这样做的家长，也不用自责。教给孩子金融知识永远不会太迟。对于那些对自己的金融知识还不够自信的父母，只需要自己先花几分钟重新学习一下基础的财务知识，然后再传授给自己的孩子们。

这本书用轻松风趣的方式介绍了财务知识。尽管这本书的目标受众群体是8~12岁的中小学生，但不具备或只具备很少金融知识的其他人，也会从本书中受益。这本书并不是想把孩子们变成无所不知的投资巨头或商业大亨（不过如果真的能这样再好不过了），而是为他们提供基础但非常重要的信息，从而让他们建立财务责任心，帮助他们在人生早期做出理智的财务决定。

目 录

致谢
给家长的话

引　言

欢迎来到金融小课堂

你好！我是白金汉先生。我的学生们称呼我为巴克先生。我大多数时候在教数学和历史，但是我最喜欢的事是教像你一样的小朋友们关于金钱的知识。这堂课我会带你看到金融世界，一起愉快地学习金钱知识，别担心！这堂课会很轻松。事实上，坐在前排的这五位同学主动协助我，使这堂课变得更加令人兴奋。你们可以提前感谢本、乔治、安德鲁、奥利维亚，还有克洛伊的帮助。

准备好了吗？让我们开始吧！

第 1 章

什么是金融

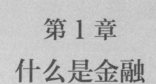

钱是怎么流动的

金钱：任何被接受的，可以用于交换商品和服务的东西。

商品：真实的、看得见摸得着的物品。

我很爱教大家关于金钱的知识，因为金钱有价

值，也很有用。它已经成为我们生活的一部分。我们可以用金钱购买商品，如电子游戏、衣服、图书，还有手机。很多人喜欢购物。有了金钱，可以买很多自己想要的东西。

服务：另一个人提供的劳动。

花费：用你的钱支付或者购买。

存钱：把你的钱存起来，为将来使用做准备。

金钱可以让你得到服务。你的父母花钱请修理工修车，请园艺工人修剪草坪，请水管工人维修漏水的管道，在你生病时请医生为你治疗。你可能不知道，家里用的电、有线电视、网络，都是花钱得来的。

当你得到钱时，你可以选择花掉它们（花费），或全部存起来（存钱），或只存下一部分以备不时之需。花钱没有错，尤其是在购买你真正需要的商品或服务的时候。然而，存钱同样也非常重要，因为这能帮助你为将来购买贵重的东西时做好准备，比如支付大学学费，购买一辆车或一栋房子。更重要的是，存钱能够让你更好地应对预期外的开销，以及将来可能发生的紧急情况。

投资：把钱放在能使它变得更多的地方。

储蓄：留出的为了在将来使用的钱。

慈善组织：帮助有需求的人的组织。

钱让人兴奋的一点在于，如果它被放在对的地方，可以变得更多，这就是投资。任何人，不论年少或年长，可以通过储蓄（存钱），而挣得更多的钱。越早开始投资，日积月累，储蓄就能够变得越多。

最棒的一点在于，除了花钱、存钱、投资，你知道金钱还可以使一个人帮助一个社区吗？有了钱，你可以支持慈善组织，让某些人的生活得到改善。当你有能力帮助他人，做有价值的事时，一定会感到好极了。

正因为用钱可以做许多很棒的事情，几乎所有人都梦想着能拥有很多钱。但是钱得来不易。你有没有听过一个说法，"钱不是树上长出来的"，这意味着得到钱并不像从树上摘苹果这么简单，人们需要通过劳动来挣钱。

你的爸爸妈妈工作吗？大部分家长通过工作谋生。成年人通常每周工作5天，每天工作8小时，有些人工作时间甚至更长。挣钱需要花费很多的时间、精力，还有技术。但是拥有一份工作带来的回报可远不止挣钱。创造新事物，回馈社会，提供有趣的服务——这些都是工作带来的好处。

投资产品：你购买的，并希望在将来能为你提供收入或变得更有价值的东西。

当你和钱打交道时，也会面对一些不太理想的实际情况。有的人花的钱比挣的钱多，那他可能很快就没钱了。有时，人们把存下的钱用在了不正确的投资产品上，也会亏钱。如果对钱没有恰当的管理和保护，你就会赔钱。如果失去了得来不易的钱，尤其是买不了需要的东西时，你就会很焦虑。

金融：得到钱、管理钱、使用钱的方式。

学会如何挣钱，以及如何管理好你的钱是一项不可推卸的责任。这就是为什么金融知识非常有用。金融，简而言之，就是管理钱的过程。当你开始思考如何挣钱的时候，金融知识就会帮助你做出正确的选择。更重要的是，理解钱是如何运转的，会帮助你在花钱、存钱，还有投资中做出理智的决定。

　　今天是学习金融知识的好日子！接下来还会有更多有趣的内容。

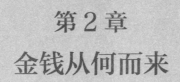

第 2 章

金钱从何而来

钱是怎么
流动的

几千年前，还没有出现钱，人们过着自给自足的生活。他们在小村庄中繁衍生息，生活非常简单，主要以打猎为生。当他们的食物资源消耗殆尽，就会搬去另一个地方继续生活。那时，他们并不需要钱。

专长：选择做一件事，并把它做好的本领。

生产力：制造商品或提供服务的能力。

以物易物：不使用钱来交换商品或服务。

随着时间推移，许多人拥有了特有的技术。有些人学会了饲养牛、猪、羊；有些人擅长种植庄稼和粮食；有些人拥有了钓鱼、木工、挖矿、工艺制作等技能。人们学会了利用自己的专长，这意味拥有了选择做一件事，并把它做好的能力。有了专长，生产力随之提高了，这意味着人们制造出的东西比他们需要的多了。

这种专长促使人们与他人交换自己无法制造的东西，或是无法完成的任务。例如，农民需要木匠帮忙建造房屋，木匠需要从农民那里得到食物。贸易就这样开始了，但纸币或硬币还没开始被使用，人们通过物品来交换物品（以物易物）。

以物易物是指在不使用钱的情况下交换货品或服务，这就好比交换棒球卡，互换电子游戏码，或是和你的好朋友互换自带的午餐。在钱被创造之前，农民可以用一头牛换来两头猪，一个木匠可以通过帮人建造谷仓换来食物和工具。

以物易物的基础是双方互相都愿意交换，并且认可对方的货物或服务。但以物易物并不是一直可行。如果农夫认为他的一头牛至少可以换两头猪，但他找不到拥有两头猪来交换的人，这怎么办呢？假如猪农只有一头小猪，怎么办？养牛的人愿意用牛去换面包或者工具吗？如果农夫找不到和他的牛同等价值的东西，他极有可能不愿意交换。如果他找不到，就不会产生物品交换了。因此，以物易物并不是一直可行，因为有时很难找到同等价值的物品进行交换。

交换凭证：任何可以用来做交易的东西。

交易：购买或出售商品和服务。

纸币：公认的、可以购买对等价值商品的纸质凭证。

随着贸易的发展，人们学会了交易更多珍贵的物品，比如金和银。因为黄金稀有，珍贵，还可以被做成金条，这便使其成了一种常见且为人所接受的支付形式。黄金的价值是由重量决定的。由于黄金作为交换凭证被广泛认可，贸易变得兴盛了起来。

使用黄金交易也有它的缺点。当交易变得更大时，做交易的人就需要携带很重的金子。你能想象，如果一个人想要买一座农场或一艘大船，他得带上多少两黄金吗？解决方式就是：商人们发现把金子交给金器商或者银行家保管会更方便。金器商和银行发行纸币，在纸币上写上黄金的价值。拿着纸币的人可以选择去银行，用纸币换得黄金，或是继续在其他的交易中获得纸币。猜猜接下来发生了什么？因为纸币的价值是根据真实的黄金得来的，于是纸币开始在市场上流行了起来。商人们接受纸币作为商品和服务的支付凭证。结果就是，纸币或纸质票据（面值1美元，5美元，20美元，等等）变成了常见的交易凭证。硬币开始也是由金或银制作的，但是很快也转变成了铜的或是其他合金材质。

有趣的是，如今你使用的钱已经不是黄金做背后支持了，而且用来印刷纸币的纸本身并没有什么价值。所以你现在可能会问："为什么我的钱还值钱呢？"

政府：领导一个国家或一个社区的一群人。

保障：承诺某件事情会被满足。

稳定性：强大，并且不太可能改变或者失败。

　　为了让你的钱保持价值，政府会保障它们的价值。保障就是承诺某件事情一定会被满足。如今我们使用的金钱的价值是被政府保障的，并且我们相信政府的保障。政府提供保障，并且人民相信政府，这样的机制保证了金钱价值的稳定性。

第 3 章

如何赚钱

钱是怎么
流动的

收入：从别人那里得到的钱。

薪水：人们通过工作提供产品或服务所得到的报酬。

生意：通过出售商品或服务得到收入的一种活动。

雇员：为他人或组织工作并得到报酬的人。

雇主：提供工作机会的人或组织。

企业：一群人在一起合作形成的组织。企业可以是一家公司，也可以是一桩生意。

人们需要通过收入来得到钱。收入有很多种形式。它可以是薪水（为他人工作而获得的报酬），可以是通过做生意得到的盈利，也可以是投资的回报，或是从家人朋友那里得到的礼物。我们一起来看看不同的收入来源。

1. 为他人工作

为了挣钱，你需要工作。大部分成年人通过工作挣钱。为他人工作的人被称为雇员，提供工作的人被称为雇主。雇主可以是一个单独的人，一个企业，或是政府。雇员通过为雇主工作来获得薪水。

你的父母以什么为生？你想过长大之后做什么工作吗？有的工作薪水很高，但需要上很多年学，接受很多训练。下面这张图表展示了你将来可能会考虑的一些工作。这张表也显示了美国的年平均工资，以及要做这些工作需要的教育和训练。

美国收入估算（2015 年）

工作	年平均工资	受教育 / 训练所需年数
民航飞行员	$101,852	4 年大学，飞行学院训练，外加很多飞行经验
木匠	$41,354	3~4 年训练
程序员	$58,436	2~4 年大学
牙医	$123,922	4 年大学加 4 年牙医学院学习
医生 / 医师	$138,248	4 年大学加 4 年医学院学习，然后至少经过 3 年住院医师训练
小学教师	$41,561	4 年大学
电气工程师	$70,675	4~5 年大学
金融分析师	$56,469	4 年大学
消防员	$43,915	2~4 年大学加消防学院训练
律师	$77,251	4 年大学加 3 年法学院训练
警官	$48,336	2~4 年大学加警察学校训练
注册护士	$57,672	2~4 年大学

在选择职业时，需要记住一点：不能只看到职位带来的工资和声望，喜欢这份工作也同样很重要。

2. 通过提供商品或服务为自己工作

自由职业者：通过为自己工作为生。

利润：通过经营一桩"收入比支出多"的生意，而赚来的钱。

你有没有见过一些人，他们拥有一家店铺或经营一桩生意，可能是一个商店或者一家餐馆？这些人通过为自己工作来赚钱，而不是为一个雇主工作，他们被称为自由职业者或业主，通过经营自己的生意得到利润。

支出：经营生意的开支。

盈利：通过出售商品或服务得到的钱。

利润可以通过总收入减去总支出得来。通过出售商品或服务所得的钱称为收入，而经营生意所需花费的钱即支出。支出包括用于支付原材料、办公用品、设备、地租以及工人工资的钱。计算利润的基本公式是：

$$盈利 = 收入 - 支出$$

当总收入大于总支出时，一桩生意就盈利了。就像很多商业组织一样，每个自由职业者的目标都是持续的、较好的盈利。一桩可以盈利的生意意味着业主能够赚到钱。这些盈利可以被用来扩大经营。

亏损：和盈利相反，是支出大于收入的结果。

当支出大于收入时，商家就会有亏损。亏损期间，花出的钱比赚来的要多。没有自由职业者或是商业组织希望亏损。如果商业持续亏损，业主们可能就要被迫关门了。

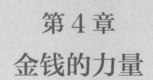

第 4 章

金钱的力量

钱是怎么

流动的

1. 让你的钱为你所用

存钱：把钱放在银行。

利息：金钱的使用费。

当你把钱存在银行（存钱），随着时间推移，你的钱会因为获得利息而变得比原来多。银行用你的钱去做投资，利息就是银行付给你的使用费。换句话说，银行付给你利息，是因为你存钱便是允许银行利用你的钱去做他们自己的事。

本金：投资一开始投入的钱。

利率：金钱使用费的百分比。

投资期限：一项投资或贷款的时长。

要想知道利息有多少，你需要知道三个概念：

一开始投入的总的钱数，也称为本金。

年利率，是指金钱的年度使用费的比率，通常以百分比计算。

钱放在银行的时长，也称为投资期限。

这三个数字相乘，就得到了利息。

利息 = 本金 × 利率 × 时间（期限）

举个例子，假如乔治在存多多银行存了 1000 美元。这家银行的年利率是 3%。三年之后他能得到多少利息？

用我们刚刚学到的公式就可以算出来：

利息 = 1000 美元 × 3% × 3 年

利息 = 90 美元

乔治的 1000 美元在三年后能得到 90 美元的利息，也就是每年 30 美元。三年挣得的 90 美元似乎显得不是那么令人兴奋。但是如果乔治把 1000 美元放在床底下，三年之后他能挣多少钱呢？零！三年 90 美元的利息总比没有要好！

现在想想，如果乔治在银行多存些钱，他能得到多少利息？在他的本金后面加两个零，变成 10 万美

元。那么三年后的利息将是 9000 美元（我们就在利
息后面加两个零）。也就是 3000 美元一年！很不错了，
是不是？

这儿有几句菲尔兹曲奇的创始
人黛比·菲尔兹的名言，关于
如何让我们的钱变得更多。

专家智谈

管理钱和留下储备金的关键，在于
学习如何管理少量的钱，并让它们
随着时间的推移变得越来越多。可
以从口袋里的零钱开始，然后使其
逐渐变得多到超乎想象！

2. 钱也可以给别人带来好处

存款人：把钱放入银行的人或者组织。

借款人：在一定时间内使用他人钱的人或者组织。

出借人：通过借给他人钱从而盈利的人或组织。

像大部分企业一样，银行也是盈利的。因为银行
的钱来自于存款人，也就是把钱放入银行的人，然后

银行可以把钱再借给他们自己的客户。银行通过收取比付给存款人的更高的借出利息来赚钱。

我们来看看银行如何盈利。假如乔治在存多多银行存了 1000 美元，而克洛伊，从银行借了 1000 美元来给蛋糕房买一个新的烤箱。这种情况下，克洛伊就是借款人，存多多银行是出借人。存多多银行把乔治之前存的钱借给了克洛伊。如果存多多银行向克洛伊征收 7% 的利息，那么克洛伊三年里要付给银行多少利息？同样用之前学的公式，你可以这样算出结果：

$$利息 = 1000 美元 \times 7\% \times 3 年$$

$$利息 = 210 美元$$

第三年结束时，克洛伊要向存多多银行付 210 美元。这 210 美元便是银行的收入。那么通过这简简单单的交易，银行盈利了多少？

$$盈利 = 收入 - 支出$$

$$盈利 = 克洛伊付的 210 美元 - 付给乔治的 90 美元$$

$$盈利 = 120 美元$$

这便是银行用存入的钱来盈利的简单说明。银行拥有很多存钱和借钱的客户。例如，美国银行在它的网站上列出，在 2014 年，有超 1.1 万亿美元的存款，并且利用它得到了惊人的收益——48 亿美元！

银行付给存款人的利息和从借款人那儿征收的利息是不固定的。很多因素会导致利率随着时间而改变。例如，2000 年，有些银行给存款人的利率最高达到 5%，所以那些需要向银行借钱的人就不得不支付更高的利息。因为银行要挣钱，这点是肯定的。

利息**高**的时候

利息**低**的时候

存款人　　　借款人　　　　存款人　　　借款人

对比一下，银行向存款人付的利息在 2014 年下降至不到 1%。那些指望着从存款利息取得收入的人便觉得很糟糕。然而低利率对需要借钱的人来说却是个好消息。这意味着，他们从银行借来用于大额花销的钱，例如买房和车，需要付的利息和 15 年前比起来要低得多。

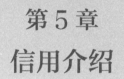

第 5 章

信用介绍

钱是怎么
流动的

信用：允许借方得到一些有价值的东西，并且在未来可用于支付出借方的一种方式。

信用卡：一张小塑料卡片，让借方可以用信用购买商品或服务。

贷款：从他人那里借到的钱，并且保证将来会偿还。

按揭：用来购买房产的一种贷款方式。

1. 什么是信用

你有没有见过你妈妈买菜，但是没有用现金？她在结账处刷了一张塑料的卡片，签了一张纸，然后便从超市带着菜走了。她是不是免费拿了菜？完全不是！她其实用了一种叫信用的东西买了菜。

信用是借方（上面这个例子中的妈妈）和借出方（银行）之间的一项契约，借方可以得到一些有价值的东西，并且承诺未来会偿还。信用使借方可以即时得到钱、商品或是服务，并且可以推迟付款。所有通过信用契约得到的钱、商品、服务都需要在未来的某些时候全部付清，而通常需要支付的总额会比你当时付的金额要多，因为当借方使用信用时，借出方会对你使用的借款征收利息。

借出方给客户们提供的信用服务有很多种方式。信用可以是信用卡的形式，或是购车贷款、学生贷款、购房贷款。房贷也被称为按揭。你可能没有注意到，公共事业公司（汽油、电力、电缆、水）也提供信用服务。在你们家里，开灯，冲厕所，看有线电视，上网，用手机，都是在使用信用服务。这些公司给你的父母信用，使你们家可以立刻就用上他们的服务。你的父母之后会给你们所使用的额度付钱。

2. 信用的好处

现金：纸币和硬币。

债务：个人或企业欠的钱。

对账单：展示你上个月如何使用信用的一份报告。

使用信用有很多好处，当人们没有足够的现金时，他们可以通过使用信用来得到他们需要的东西，然后等有钱的时候再付清债务（欠的钱）。信用允许人们可以根据自己的未来收入来借钱，这对于支付昂贵的东西很有帮助，比如买房，买车或是缴纳大学学费。有了信用，家里可以买一套房，人们可以买车上下班，学生可以读得起大学，继续追寻梦想。

信用使消费变得更方便和安全。有了信用卡，你不需要随身携带大量的现金，尤其是旅行时。信用让你能在网络或手机上买东西。你每个月从借出方收到的对账单告诉你花了多少钱，需要付多少钱，还欠多少钱。

企业和政府用信用来发展和壮大。有了信用，即使企业现金不够时，也可以买到所需的原料。他们把信用用在大额花销上，比如开办工厂，置办设备，购置车辆。企业盈利后再付清他们的贷款。

税务：你付给政府的用于政府项目和公共事务的钱。

政府也使用信用来支付大项目，比如建造马路、桥梁、人行道、楼房。政府通过征收税务得来的钱付清债务。税务是你付给政府的，用于政府项目和公共服务的钱（比如警察、军队、学校、图书馆、医院、公园、邮政服务等）。

3. 信用不太好的地方

即使信用使很多人受益，但信用也可能有害。还记得吗，你用信用买的所有东西，都要在未来某些时候连本带利一起付清。这个未来还款时间点是固定的，不是你想什么时候付都行，是有截止时间的。不正确使用信用卡，会导致债务过多甚至超出可控范围。

超支：钱花得过多。

破产：个人或企业被法律认为无法偿还债务。

豁免：取消全部或部分债务。

信用报告：一个人的信用历史总结，通常用来评估一个人的信用状况。

因为你使用借来的钱要支付利息，你欠的钱（债务）累积的速度可能要比你付清他们的速度快。超支会让借款人无法及时付清欠款。如果不及时支付欠款，可能会导致失去有价值的财产，比如房或车。因此，如果你刷信用卡但不及时付清全款，你可能会遇到很大的经济上的问题，不还款会破坏借款人的良好信誉，甚至还经常会因为支出太多或信用使用不当造成家庭破裂。在有些国家，不及时还款是会坐牢的。还有很多国家规定，如果一个人无法偿还债务，会被迫宣布破产。

破产是指个人或企业不再有偿还债务的能力。破产让个人或企业无法偿还的债务被豁免，从而有机会从头再来。在美国，只有州立或联邦法院才可以认定破产，你必须要上法庭才能得到批准宣布破产。

尽管宣布破产抹去了大部分的债务，但它会带来长期的负面影响。破产会在你的信用报告中显示，让你没法申请新的贷款，或者在你还贷款时增加利率。申请破产会牵涉到非常复杂和昂贵的流程，占用上学、上班，还有家庭的时间。另外，破产也会影响到找到新的或者不同的工作。雇主在给你工作机会之前都会调查信用报告。如果你的信用报告上有破产记录，可能会导致雇主把工作机会给其他那些对于个人资产管理更加有责任心的人。

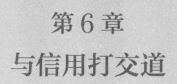

第 6 章

与信用打交道

钱是怎么
流动的

1. 信用的不同种类

我们来看看，像你一样的学生在不久的将来可能会用到的信用的不同种类。

信用卡

信用卡是银行或其他商业机构向客户发行的一张小塑料卡片。信用卡使得持卡者（银行许可的信用卡使用人，通常卡片上有他们的名字）可以用信用购买商品或服务。银行和信用卡机构合作来处理交易，比如维萨卡，万事达卡，美国运通卡。持卡者可以在全球范围内使用信用卡，因为信用卡在世界上成千上万的地方都被认可。

商场信用卡：大商场发行的信用卡，只能在指定商场内消费使用。

折扣：低价销售商品或服务。

回扣：返还付款的一部分。

　　像塔吉特、希尔斯、家得宝、梅西这样的大商场，会发行商场信用卡。商场信用卡和普通信用卡都可使用。最主要的区别在于，大部分的商场信用卡只能在卡的发行商场购买商品和服务。因为这个限制，得到一张商场信用卡要比得到一张可以在任何地方使用的普通信用卡更便捷。这些商场也会有折扣、回扣，以及其他为了留住回头客的奖励机制。

　　如果每个月信用卡没有全额还款，银行会征收利息。因此每个月你会收到信用卡公司邮寄来的或者网上出示的对账单，告诉你欠了多少钱，什么时候要付清。如果你没有在规定的时间内付清全款，通常会在收到对账单的 15~30 天，被发行公司或银行征收每年 10%~24% 的高额利息。这意味着你可能要多还 1/4 的钱！也就是说，如果你花了 100 美元，如果没有及时还清，你可能要还 124 美元。如果持卡者没有按时还清最低还款额，利息还有可能变得更高。除了利息，如果你延迟还款，银行还可能征收另外的滞纳金，使得你的花销比你买的东西的原价要昂贵得多。

预借现金：从信用卡公司借现金。

银行出纳员：帮助客户满足需求的银行员工。

支票：让银行支付他人或企业指定金额的一张纸。

持卡人用信用卡提现叫预借现金。预借现金就是银行给你钱，你可以用它来做任何事。你可以通过自动取款机（ATM）提现，也可以通过银行出纳员或者让信用卡公司给你一张支票。持卡人的提现金额有一定的限制，但用信用卡提现并不是一个很好的主意，因为相关的利息和费用非常高，只有在紧急情况或是急需用钱的时候才预借现金。

这是亿万投资人马克·库班被问到"希望二十多岁时自己能明白哪些事"时说的话。

专家智谈

使用信用卡是最糟糕的一种投资。如果没有债务，我在利息上省下的钱比我把那些钱投进股票的收入都多得多。

学生贷款

上大学是你为自己做得最正确的决策之一。研究表明，有大学学位的人比那些没有读过大学的人在一生中挣得钱要多。但大学学费很昂贵，尤其是那些有名的私立学院或者大学。

学生贷款：为了用于教育支出而借的钱。

还款：偿还借来的钱。

为了接受高等教育，学生们会申请学生贷款。这些贷款可以用来支付学费、书本费、电脑的费用，还有生活开销。好消息是，学生贷款直到学业结束才需要开始还款，这使得学生们可以专心学习，在读书时不用担心还贷款的事。坏消息是，即使你不喜欢你接受的教育，或没有找到合适的工作，或你手头很紧，或是你申请破产，都没有办法取消或者抹去学生贷款。因此，想要申请学生贷款，必须慎重考虑申请的数额，以及打算将来如何还清这笔贷款。你肯定不想毕业后就立刻被洪水般的债务压垮。

汽车贷款

首付：用信用购买更昂贵的商品或服务时，需要支付的第一笔较高的费用。

余额：减去首付后仍然欠的钱。

分期付款：借款方的多笔等额付款，直到贷款还清。

汽车所有权：声明汽车合法所有人的一张纸。

　　成年人可以通过汽车贷款来购买新车或二手车。汽车贷款由银行、汽车制造商（制造汽车的厂家）或车行（卖车的机构）提供。这是一次性的贷款，也就是说借出方一次性把钱借出，完成购车。经常买车的人会被要求立即支付一部分交易额，也称为首付。余额（剩下的钱）由买方通过每个月的等额分期付款支付。汽车贷款最多可以贷 7 年，意味着你可以最多用 7 年的时间付清贷款和利息。尽管借钱人可以把车开走，但是汽车所有权归贷出方，直到买方付清贷款。汽车所有权是一张法律文件，指出并证明汽车的合法所有人。借款方付清车贷后，汽车合法所有人就会换成借款人的名字。

2. 获得信用的方式

不是所有人都能申请到信用卡或贷款的。银行会
把信用给那些符合要求的，有能力并且会还款的人。
但银行怎么知道申请贷款的人是好的借款人，而且说
话算话？

银行通过几种方式来决定是否给出信用。你需要填一张申请表来申请信用卡或者贷款，这张表会问很多关于你的经济状况的问题。尽管银行考量借款者信用可信度的标准很多，大部分银行最在意的还是借款人的财务性格特征和还款能力。我们来看看它们分别是什么。

财务性格特征

财务性格特征：借款人打理钱和债务的信誉和特点。

信用历史：借款人是否负责任且及时付账的记录。

信用评分：基于借款人的信用报告得出的数字化评分和考量。

这里的财务性格特征是指借款人的声誉。财务性格显示了借款人是否愿意还款。银行通过查看借款人的信用历史、信用评分、教育背景，还有工作经验，得出借款人的财务性格特点。

申请信用时，借出人或是银行会拿到申请者的信用报告。信用报告展示了这个人的信用历史，包括他/她支付账单是否及时，是否还有债务没有付清。

信用报告上还会有申请人的信用评分。信用评分评估了借款人以往如何处理债务，以及他们是否还有其他债务。一个有一两个延迟付款记录的借款人评分就会比较低。如果手头仍有过多的债务（比如有很多信用卡并且都有欠款），也会降低信用评分。信用评分决定银行是否借出钱，是否发放信用卡，以及在利率上有很大的影响因素。信用评分高，贷款申请就更容易被通过，也会得到很好的利率。相反，银行会拒绝信用评分很低的人的贷款申请。如果你的信用评分很低，但信用卡公司或银行仍然借给你钱或给了你信用卡，你可能会被收取很高的利息。

维护信誉是一项很重要的责任。如果你不及时还清债务，在将来申请贷款时会有麻烦。信誉不好的代价很高，因为借出人会收取你很高的利息。你贷款的利率越高，从你口袋中流失的钱也就越多。

本的信用评分很高

我每个月付 193 美元，利率 6%。

安德鲁的信用评分低

我每个月付 222 美元，利率 12%。

尽管本和安德鲁同时买了同样的 1 万美元的汽车，贷款期限相同（5 年），但安德鲁每个月付得更多，因为他的信用评分低。

还款能力

还款能力：偿还贷款的能力。

担保人：一个有好的信用记录的人，和主借贷人共同签署贷款，如果主借贷人不履行还款，担保人要负责还清贷款。

还款能力指借款人偿还贷款的能力。申请贷款时，银行会看借款人的收入、工作是否稳定，是否还有其他债务需要偿还，以及债务已经支付了多少。拥有一份稳定的工作（曾经或将会持续一段时间）以及不错的收入，可以证明借款人能够在截止时间之前定期付款。

如果借款人的信用或工作看起来不够有说服力，银行会让另一个有良好信用历史和收入的人来共同签署贷款。担保人会和主借贷人共同签署贷款文件。一旦主借贷人不履行还款时，担保人需要负责还清债务。通常在申请学生贷款时会需要担保人，因为学生没有信用历史，或是稳定的收入来源，借出方会要求学生父母共同签署学生贷款。如果毕业后，学生没能定期偿还每个月的贷款金额，借出方便会尝试从学生的父母或者其他担保人处拿回钱。

申请贷款，并有担保人担保时，你需要加倍的责任心来偿还欠款。错过还款不仅仅会损坏你的信誉，还会让那些慷慨为你担保的人的信誉受损。

第 7 章

存　钱

钱是怎么
流动的

1. 为什么要存钱

拿到信用卡很简单，使用它在网上几乎能买到所有的东西，非常方便，购物相比于以往变得更加简单和有诱惑力。花钱很容易，但是存钱很重要。那么为什么要存钱呢？

为大额开销做准备

小时候，你可能许愿希望能在节日或生日时得到最新款的手机、新平板电脑、自行车、电动车，或是苹果手表。你应该为得到的这些礼物心存感激，尽管有些可能也不在你的心愿清单上。如果你没有收到心愿清单上特别想要的东西，为什么不自己付一点钱来帮助爸爸妈妈买这件东西呢？你可以从你的零花钱中，或从节日和生日得到的礼金中省出一点。你的父母一定会表扬你的做法。你分担的越多，父母给你买的概率就越大。

　　长大以后，你可能想买一些相当昂贵的东西。你可能需要开车去上班，或是为自己买一套房子。有一天，你可能决定继续读大学深造，或是为了职业发展接受更多的训练，也可能为了转行重新回到学校读书。你可能想要有一个记忆深刻、盛大而隆重的婚礼，你也可能想要去旅行，和爱人去更远的地方探索。这些事你都可以去做，尤其在你有足够储蓄支撑的时候。

　　风险：损失钱的概率。

　　购买车和房这些昂贵的东西时，大部分人会申请贷款。留一些钱用作首付会对你得到合理的利率有所帮助。银行希望你付比较多的首付，因为如果你没法还贷款，这可以降低他们的风险。类似地，如果你首付付得多，你需要借的钱就少了，每个月的分期付款也更容易负担。

首付 500 美元

接下来五年
我每月要付
184 美元。

首付 2500 美元

接下来五年
我每月要付
145 美元。

这就能看出区别了，买 1 万美元的车，乔治首付付很多，贷款五年，每月还款额降低了，利率仅为 6%。

为紧急情况和计划外的开销做准备

人们常说，生活处处是惊喜。你当然喜欢惊喜，但有时最不希望的意外也会发生。你的车可能会抛锚，需要大修；宠物小狗病了，需要看兽医；水管爆了，家里被淹；你可能需要坐飞机去参加亲人的葬礼；你可能意外丢了工作……

计划外的开销可能会给你带来很大的经济压力。但如果你留出了一些钱用于这些开支，就能更好地应对这些意外情况。这就是为什么存钱非常重要。

2. 预算——存钱的好帮手

预算：你在一段时间内花钱和存钱的规划。

量入为出：在你拥有和负担得起的范围内花钱。

你可以在商场或网络上买到很多东西。有了这么多选择，决定如何花钱以及如何为将来存下一点钱就显得很困难。正因为这样，做预算会帮你更好地打理钱。

预算是你在一段时间内花钱和存钱的规划。做预算很重要，因为这有助于你了解自己会花多少钱，钱花在哪里，能存下多少钱。按照预算花钱不会让你深陷债务，因为它让你量入为出。换句话说，好的预算会让你不超支。

做预算时，你需要列出所有的收入来源，全部相加。你的收入包括从父母那里得来的零花钱，工作所得，收到的作为礼物的钱。另一方面，你要列出这段时间内所有的开销，把它们相加，从总收入中减去总支出。如果你选择捐钱，那这笔钱也要从收入中减掉。如果差值是正数，这意味着你存下了钱。反之，如果差值是负数，那意味着你超支了。

举个例子，我们来看看本是如何做预算的。

本的周预算

收入

每周零花钱	$25	
奶奶送的钱	$5	
总收入		$30

支出

食物	$15	
饮料	$5	
买书	$3	
铅笔	$1	
捐钱给教堂		$1
总支出		$25
存下的钱		$5

从本的预算可以看出他没有超支。他弄清楚了要把钱花在哪里。在做预算的过程中，他还存下了 5 美元！本的预算做得很棒，把钱管理得很好。

3. 帮你存钱的银行工具

保险：保证不损失钱。

储蓄账户：银行约定个人或组织可以从中存取钱。

取钱：从银行拿出钱。

银行大概是安全存放钱的最好的地方。银行有专门用于防火防爆的金库，安保严格，只有指定的人才能打开。在美国，存在银行的钱是被一个叫 FDIC 的政府机构保险的，这个机构全称是联邦存款保险公司。这意味着即使银行没了钱，被抢劫了，或被烧毁了，你仍然可以通过 FDIC 拿回最多 25 万美元的钱。

银行提供了几种方式来保证你的财产安全，也使得打理财务更加便捷。我们来看看其中的几种。

储蓄账户

储蓄账户是个人或大部分企业用于储存和保护钱

的一个存款账户。存在储蓄账户里的钱能得到一点点利息。对于这些钱，只要银行开门，可以随时取钱。

几乎所有人都可以申请开一个储蓄账户。有的家长会在孩子很小的时候就给他们开储蓄账户，以鼓励他们存钱。储蓄账户帮你更明智地管理钱，因为储蓄账户里的钱和存钱罐里的钱不同，它是会因为利息变多的。你允许银行持有并且使用你的钱，来借给其他人或者企业，银行就会付给你使用费。

支票账户

你有没有见过父母写一张支票来付水电费？你有没有在生日时收到过一张支票作为礼物？你用支票来做什么了？

和储蓄账户一样，你也可以把钱存在支票账户。不幸的是，大部分的支票账户是没有利息的。支票账户很特殊是因为它使得你可以用那张叫支票的纸来买商品、服务，或者把钱给其他人或者组织。

收款人：支票给到的个人或者企业。

空头支票：一张不被接受的支票，因为账户中没有
足够的钱。

你妈妈写支票的时候，她其实是在要银行给收
款人付一定金额的钱。收款人是支票给到的个人或者
企业。要想付款成功，你妈妈的支票账户中需要有足

够的钱。她没法写一张金额大于支票账户余额的支票（空头支票），否则这张支票会被退回。如果支票被退回，银行会收取一笔费用。如果这张支票被存进了银行，收支票的人也会被收取一笔费用。

大家使用支票，是因为带一本支票簿要比口袋里塞一堆现金简单和安全得多。现金很容易被偷，然而

支票只有支票账户所有人签了字才能生效。邮寄付款时，支票更安全，因为只有收款人能够存支票，或是拿去银行提现。支票也是给了你一份永久有效的支付记录，这样你可以更好地保存、追踪支付记录。

借记卡和自动取款机

借记卡：让你可以从支票账户直接拿钱的一张卡。

使用借记卡和自动取款机卡是从你储蓄账户或支票账户中拿出钱的两种方式。借记卡和信用卡看起来差不多，但它不是信用卡。用借记卡在商场买东西就和用信用卡一样。但借记卡和你的支票账户是关联的。每次你用借记卡时，钱自动就从你的支票账户中划走了。只有在你的支票账户中有钱时，借记卡才能用。和信用卡不同，借记卡不能让你从银行借钱。

小时候，你可能以为，自动取款机拥有魔法，可以"吐"出钱。不幸的是，世界上没有这种魔法生钱机器。自动取款机和你的储蓄账户、支票账户相关联。从自动取款机取钱就相当于去银行从出纳员那里取钱。出纳员就是银行里坐在窗口前帮你存钱和取钱的人。有了自动取款机，交易就可以通过这台机器进行。你可以从自动取款机随时存取钱。注意，有些自动取款机会收取额外的使用费。

存款单

存款单：一个定期存款账户，比储蓄账（活期存款）户的利息高，银行在固定日期返还你的钱。

到期日期：还钱的日期。

存款单，也叫定期存款单，和储蓄账户相似，但是存款单中的钱挣的利息比储蓄账户要多。一张存款单有到期日期，也就是银行付还给你本金以及利息的日子。你在开存款单账户时可以自己设定到期日子，可以是三个月以后或最多五年内的任何日子。

银行存款单有较高的利息，是因为存款人会保证把钱放在银行，直到到期日期为止。如果你在到期日期前取出了钱，银行会收提前取款费用。这也是为什么存款单又被称为"定期存款"。

　　打理你的存款比较明智的一个方法，是权衡后把钱存入储蓄、支票，还有存款单账户中。如果你近几个月或近几年没有大笔开销计划，进行定期存款比较合理，这样你可以得到更多的利息。在储蓄账户和支票账户中放一些钱也是个好主意，这样可以应对紧急情况和意外的开销。

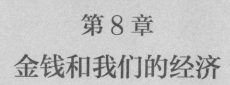

第 8 章

金钱和我们的经济

钱是怎么流动的

你是否在新闻里听到过"经济"这个词，或者你的父母在晚饭时讨论经济？经济重要在哪里？它和你自己的钱有关系吗？

经济：一个国家用有限的资源来制造商品和服务的方式。

资源：用于制造商品和服务的供给，包括土地、人力、原料，还有金钱。

经济是一个国家用有限的资源来制造商品和服务的方式。健康的经济意味着国家做出正确的决定，即正确利用资源，比如土地、工人、原料，还有钱来制造更多的商品和服务。经济兴盛时，你也受益，因为工作机会随之增多，企业也赚得到钱。相反，经济衰退时，事实也摆在眼前，企业关门，人们失业。经济情况不好的时候，很多人和企业在财务上都会有损失。

我们来仔细看看那些会影响经济和你自己财务的因素。

1. 需求和供给

上周还不到3美元，为什么油价变了？

需求：购买商品和服务的意愿。

供给：商品和服务的可用性。

你有没有好奇过，为什么汽油、食物，还有其他商品的价格一直在变化？尽管商家可以为他们提供的商品和服务定价，但真正影响价格的两大因素是需求和供给。

短缺：无法满足需求的一种状况。当需求大于供给时会出现这种状况。

盈余：满足需求后，还有剩余的状况。当供给大于需求时会出现这种状况。

需求是你希望并想要买到商品或服务，供给就是商品或服务是否能轻易得到。总体上来说，需求大于供给时，短缺就出现了，使得价格不得不上涨。需求增加，价格上涨，因为人们愿意多付钱去买一件他们非常需要或者想要的东西，尤其是这种东西短缺的时候。相似地，如果这种东西的供应大于我们想要的量（供给大于需求），盈余便会发生，会导致价格下降。盈余出现时，商品价格会下降，因为销售方会降低价格以鼓励消费者购买。当供给和需求大致相当时，价格就会趋于稳定。

这里有几个例子，来说明需求和供给是如何影响价格的：

- 在几大球类的冠亚军决赛中，比如足球、篮球，还有棒球，很多球迷想去现场观看比赛。进入场馆的门票数量（供给）是固定的，因为场馆容纳的人数有限，那么门票的价格就上涨了。

- iPhone 6 发行时，大家对老款机型（iPhone 4 和 iPhone 5）的需求降低了，因为更多的人选择买新款。那么老款 iPhone 的价格就会下降。

- 一家炼油厂因为火灾关门了，没法制造足够的汽油来满足市场需求，汽油的供应紧缺，所以油价就提高了。

- 因为气候适宜，葡萄丰收。葡萄的产量比人们正常的购买需求量大，葡萄就降价了。

理解需求和供给会帮助你在花钱时做出更好的选择。如果你知道某样东西的需求非常大，你可能会选择等到需求量减少，价格也降低了再买这样东西。假如你已经有一部智能手机，在需求量最大、价格最高的时候，买最新款的手机，你觉得真的值得吗？你能不能等一等，到真的必要换手机的时候再买？又或者，如果看电影，你是不是会在人最多，电影票最贵的晚上去？还是选择票价没有那么贵的白天场次？对需求和供给概念的理解能帮助你省些钱，做个明智的消费者。

2. 通货膨胀

你知道在 1975 年时，1 加仑的牛奶值多少钱吗？1.57 美元。1995 年，价格是 2.41 美元。到了 2015 年 9 月，1 加仑牛奶卖到了 3.39 美元。为什么牛奶的价格连年上涨？

通货膨胀：商品和服务的价格总体上涨。

商品和服务的价格因为通货膨胀会上涨。通货膨胀的发生有几个原因，但是最主要的原因在于需求增加了，但是供给没有相应地增加。例如，人们因为涨工资或拥有更多信用而拥有了更多钱，他们就会花得更多。记住一点，需求大于供给时，价格就会上涨。

我们来看看 1975 年、1995 年，还有 2015 年 9 月其他东西的估算价格：

物品	1975 年	1995 年	2015 年
1 加仑普通汽油	$0.57	$1.15	$2.38
1 打鸡蛋	$0.77	$1.16	$2.97
一等邮票	$0.13	$0.32	$0.49
新房均价	$42,600	$158,700	$296,900

当通货膨胀发生时，我们的钱能买到的东西变少了。比如，电影票价涨了 10%，一年前 10 美元的电

影票，现在就变成了 11 美元。所以，买同样数量的商品或服务所需要的钱变多了。试想，如果你们一家有五口人，你们家今年就要多付 5 美元去看电影。

正因为通货膨胀，你把所有的钱放在存钱罐里就不太明智了。存钱罐只能在你把钱存到储蓄账户之前使用。把钱放到不会变多的地方，很大概率你的钱在将来使用的时候已经贬值了。

通货膨胀对于那些靠固定收入生活的人来说也是个挑战，比如退休的人，他们通常比工作的时候拿到的钱少，他们的购买力在通货膨胀高的时候也变得更小。他们今天用 20 美元能买到的菜，只能是他们1995 年能购买的菜量的一部分。尽管通货膨胀率每年都在变，并且每年有 1%~2% 的增长也常见，但在1970–1980 年曾达到过 12%。当通货膨胀率每年上涨12% 的时候，只需要 6 年时间价格就翻倍了。如果物价上涨如此之快，就意味着 6 年后你的钱只剩下一半的价值。

通货膨胀的影响

1975 年

1995 年

2015 年

3. 失业

失业：没能找到工作的人。

失业人数是判断国家经济是否健康的一个重要指标。每周，政府都会公布失业人数，这类人就是有能力且愿意工作，并且正在求职，但还没有找到工作的人。失业人数多，说明工作机会少。没有工作的人购买所需的商品和服务就很困难，导致企业的销量和盈利更少，继而又会导致工作机会削减。这种循环会持续到经济形势有所好转为止。

做财务规划时，你始终应该考虑失业的可能性，应该留出一部分钱用于紧急情况。如果有很多债务，面对意外失业时，生活就会雪上加霜，这体现出量入为出的重要性，即使你觉得还得起债务，也不要过度使用信用卡透支未来的收入。

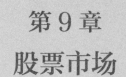

第 9 章

股票市场

钱是怎么
流动的

我们用纸杯蛋糕大道烘焙坊的故事来开始这个话题，也就是克洛伊创立的那个烘焙坊。克洛伊是这家店的唯一所有人，这意味着她100%拥有这一份生意。顾客喜欢这里的蛋糕，克洛伊的工作就是出售每天烤制的蛋糕。就这样经营一年之后，纸杯蛋糕大道变成了一家有名气的烘焙坊。

因为客人们对克洛伊的蛋糕的需求越来越多，她意识到为了满足订单量，需要再买两台烤箱。她想去存多多银行再申请一笔贷款，但又因为她不想支付利息，于是她邀请了两位朋友，奥利维亚和本来投资她的烘焙坊，并称他们为部分所有者。他们商定，奥利维亚和本分别投资 1000 美元来帮助克洛伊买两个烤箱。作为投资回报，奥利维亚和本会分别得到公司 25% 的所有权。假如克洛伊要卖掉烘焙坊，她仍然拥有一半的所有权。

股份：公司所有权的一个单位。

当克洛伊把烘焙坊的一半卖给本和奥利维亚时，她是在把公司所有权分为四等分或是四个股份单位。克洛伊得到了两份总共 50%（2 单位 × 25%）的所有权，本和奥利维亚则每人得到一个单位，即分别拥有 25% 的所有权。

　　年末，烘焙坊盈利300美元。克洛伊、本、奥利维亚决定用100美元来购买供给原料，然后把剩下的200美元分配给业主。200美元被分为四份（因为公司所有权有四份），这样每份是50美元。因为克洛伊拥有50%或者说两份公司股份，她就能得到100美元。

本和奥利维亚每人得到 50 美元，因为他们每人持有
一份公司股份。

几个月后，乔治听说了烘焙坊盈利分成的故事。
他也有兴趣加入成为部分所有者。他愿意出 1000 美
元买下一份公司股份，但公司的所有者们都不同意。

后来，乔治提价到 1200 美元。奥利维亚同意了，把她的那一份股份卖给了乔治。

后来纸杯蛋糕大道烘焙坊一直在盈利。克洛伊、本以及乔治都为它的成功感到高兴。

1. 什么是股票市场

股票市场：公开列出的公司的所有权被买卖的地方。

股票：公司所有权的一部分，可以被进行交易。

投资人：为公司提供钱，并期待公司可以赚钱和营利的人。

股东：拥有公司所有权一份或多份的个人或组织。

股票经纪人：被授权可以为投资人买卖股票的个人或线上公司。

你想把钱变多，除了把钱存进银行外，另一个可以投资的地方就是股市。股票市场，有时也被称为股票交易所，是一个可以买卖公司股票的地方。一只股票或一份股份是公司所有权的一部分，并且可以用来进行交易。股份代表着公司所有权的一份。当你买进一只股票，你就成了公司的部分所有者。

股市的运转方式，和纸杯蛋糕大道烘焙坊的故事很相似。当一家公司需要钱来发展，公司所有人可以向投资人出售公司的一部分。投资人就是买股票或股份的人。这些投资人变成了公司的部分所有者。股票投资人也叫作股东。本和奥利维亚每人花 1000 美元买下一份纸杯蛋糕大道烘焙坊的股票时，他们就变成了股东。

股票在世界范围内进行交易。纽约股票交易所（NYSE）是全球最大的股票交易所，有很多家公司的股票在那里进行买卖。像你一样的个人投资者可以通过股票经纪人买股票，也可以通过给股票经纪人打电话或是通过股票经纪公司的网站来进行交易。

2. 通过股市赚钱

股票投资人可以通过两种方式赚钱。

分享利润

分红：付给股东的盈利的一部分。

股东是公司的所有人。如果他们投资的公司在营利，他们可以分享利润。比如，纸杯蛋糕大道烘焙坊在经营的第二年获得了 300 美元的利润。克洛伊分给股东们的 200 美元便被称为分红。

股价上涨

如果公司营利，并且前景良好，那么就可能有更多的投资人买它的股票。对股票需求的增加会导致其价格提高，还记得需求和供给的关系吗？有些人投资股市，是为了在价格低时买入，价格高时把股票卖掉。在纸杯蛋糕大道烘焙坊的故事里，奥利维亚 1200 美元卖掉了她的股票，比她当初买入的 1000 美元多出了 200 美元的收益。

通常，大部分从股市中赚到的钱都是通过股价上涨得来的。我们来看看一些你可能知道的公司，以及它们的股票价格在 2012 年 11 月到 2015 年 11 月之间是如何变化的。

公司名称	*2012 年 11 月 1 日	*2015 年 11 月 2 日	变化百分比
好时	$73	$88	21%
美泰	$38	$25	−34%
麦当劳	$87	$112	29%
微软	$27	$53	96%
耐克	$49	$131	167%
华特·迪 士尼	$50	$115	130%

注：*股票价格和变化百分比都四舍五入保留整数

注意三年后股票价格的变化。想象一下，如果你在 2012 年买下 1000 美元麦当劳的股票，三年后你的股票就值 1287 美元了。如果你 2012 年买 1000 美元耐克的股票，到 2015 年时它们值多少钱？2673 美元！是不是很棒？

3. 股票投资的缺点

股市是投资者赚钱的非常好的渠道，但股票投资有很高的风险。回头看看上面的表，关注一下美泰公司的股价，它是芭比娃娃和风火轮玩具的制造商。尽管这家公司和它们的产品风靡一时，但它们的股价从2012年的38美元跌到了2015年11月的25美元，这意味着如果你2012年投资美泰1000美元，三年后你的钱只剩657美元了。

哇，我都不知道我在股市还会亏钱。投资股票之前应该做些什么呢？

和公司营利，前景无量时相反，如果公司得不到利润，或者因为竞争对手而丢失客户时，股价就会下跌。投资者都不喜欢经营不善的公司。当很多投资人都卖股份（供给大于需求），就会导致股票价格被拉低，股价下跌。

正因为股票投资可能会有风险，也可能亏钱，所以投资股票之前你需要做很多功课。你需要知道这家公司是做什么的，它们的历史经济状况，它们的产品和服务是否成功。而且，你还要知道它们的竞争对手是谁，竞争有多激烈，它们的产品和服务是否有用，是否有前景，因为人们趋向于给正在发展和营利的公司多投钱。

这里是亿万投资人沃伦·巴菲特在股票投资中的至理名言。

专家智谈

我们不需要比别人聪明，
我们只需要比别人更自律。

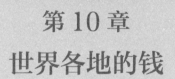

第 10 章

世界各地的钱

钱是怎么
流动的

1. 什么是货币

货币：在某个国家或地区使用的钱。

政治稳定性：有一个强有力且成功的政府。

货币是在某个国家或地区使用的钱。全世界有超过 190 个国家，每个国家要么使用自己的货币，要么和另一个国家使用相同的货币。

美国的货币叫作美元。在中国，叫作元。在菲律宾，称为比索。在欧洲，好几个国家商定使用同一种货币，叫欧元。使用欧元的国家包括奥地利、比利时、塞浦路斯、爱沙尼亚、芬兰、法国、德国、希腊、爱尔兰、意大利、拉脱维亚、立陶宛、卢森堡、马耳他、荷兰、葡萄牙、斯洛伐克、斯洛文尼亚，还有西班牙。其他的欧洲国家，比如丹麦、波兰、瑞典、英国，可以使用欧元，但他们也使用自己的货币。

全世界有超过 160 种货币。但货币的价值都不相同。一种货币的价值取决于几个因素，包括货币的需求量和供给量，国家的经济能力，还有国家或地区的政治稳定性。

巴克先生，我鞋里面的标牌写着"中国制造"，但我爸爸赚的是美元。如果货币不一样，我们如何能买到中国制造的东西呢？

2. 什么是外汇

外汇：从一种货币到另一种货币的转换。

因为货币的价值不一样，出国旅游时你可能需要把你的钱换成国外的货币。尤其当你想买国外的商品或服务时，把钱换成国外的货币是很有必要的。从一种货币到另一种货币的转换称为换外汇。你可以在银行、货币兑换店、机场内的货币兑换点换外汇。这些换外汇的场所会把汇率展示在很大的展板上。

你可以根据这些步骤，得出你的钱可以换得多少你需要的新币种。

第一步：知道你要换的钱数。

第二步：得知两种货币间的汇率。

第三步：用你的钱数，乘汇率，得出你的钱可以换多少新的货币。

　　乔治住在美国,他正在菲律宾出差。他想要买200美元的东西带回美国。我们来帮乔治把他的美元换成菲律宾比索。

第一步:知道你要换的钱数	200 美元
第二步:两种货币间的汇率	47.17
第三步:用你的钱数乘汇率,得出你的钱可以换多少新的货币	200 美元 ×47.17 = 9434 比索

3. 外汇的其他用处

国际贸易：不同国家之间的商品和服务交换。

进口：从另一个国家采购的商品或服务。

出口：出售到另一个国家的商品或服务。

外汇在个人或商务旅行中被广泛使用，但其实在国际贸易中使用的更多。国际贸易是指不同国家之间的商品和服务的交换。因为随着新型交通工具的应用和国际交流的深入，如今几乎每一个国家都可以和国外进行更多的商品和服务贸易。从另一个国家采购的商品或服务叫作进口，出售到另一个国家的商品或服务被称为出口。

2014 年，美国从加拿大买了价值 1190 亿美元的石油，从中国买了价值 1300 亿美元的电子设备，从日本买了价值 460 亿美元的汽车，从这些国家购买商品时，就需要把美元换算成这些国家的货币。

相似地，其他国家也从美国进口商品。2014 年，加拿大从美国进口了价值 510 亿美元的汽车，中国也从美国进口了 510 亿美元的汽车，日本进口了 40 亿美元的谷物。对于这些想要买美国商品和服务的国家来说，他们就需要把自己的货币兑换成美元。

外汇使得不同国家之间交易商品和服务变得简单。

后 记

分享最重要

从这节课开始，你就会发现用钱可以做很多不同的事情。你可以把钱花在商品和服务上，也可以把钱留着将来使用；你可以投资，赚更多的钱，还可以用钱来回馈社会。

巴克先生，我们刚学到，只有工作才能赚钱。那为什么还有人要把钱拿来回馈社会呢？

你学到了，钱得来不易。大部分人需要通过工作挣钱。把一部分你赚来的钱用来让别人受益，似乎看起来不太公平。但我们来看看为什么说这样做是值得的。

分享很重要，因为你用来回馈社会的钱可以改变某些人的生活。世界上有很多人不如你幸运，但你可以做些什么，让他们开心，帮他们过上更好的生活。其中一种方式就是向慈善组织捐款。慈善组织是为有需要的人提供帮助的机构。你给慈善组织捐款，你的钱会和别人的捐款放在一起，以帮助慈善组织实现帮助他人的目的。再少的钱也可以起到作用，尤其当这些钱被用来帮助那些极贫穷的人时。比如说，1美元的捐款可以帮助贫困国家的一个人全年喝到安全的饮用水。3美元的捐款可以给贫困家庭的孩子购买书籍，以增长见识。

　　2015 年 6 月，美国亿万富翁沃伦·巴菲特向慈善组织捐赠了 28 亿美元。巴菲特先生总共捐款达到了 230 亿美元。想象一下，这么多的钱，能买多少书籍、食物，多少加仑的纯净饮用水。你可能会说，巴菲特先生这么富有，他才能捐数十亿美元。但你不需要成为百万或亿万富翁，也可以回馈社会。你始终可以从小数量开始，然后慢慢发展。如果你还没开始挣钱，也可以捐赠除了钱以外的东西。有些慈善组织接受玩具、书籍、罐头食品、学校用品、旧设备、二手衣物。这些慈善组织把捐赠物分发给需要的人们，或是出售这些物品来筹集钱。记住，你的捐赠，无论大小，和其他人的捐赠加在一起，就可以变得强而有力。

向慈善组织捐赠是自愿的。没有法律或规定要求人们必须捐赠。即使没有义务，人们还是因为很多原因愿意分享他们的财富。有些人因为知道自己为一些好的事情出了力，感到快乐；有些人希望积极参与到与贫困的斗争中，帮助他人获得健康，提供奖学金，为医学研究助力；有些人为了宗教信仰捐钱；还有些人捐钱为了减免税务，因为捐赠会使税收削减。不管出于何种原因，捐赠都大大支持了慈善组织的项目。

没有人要求你和巴菲特先生捐赠一样多的钱。大家希望看到的是，你好好学习，努力工作，长大后可以有赚钱的决心和能力，这样当你和家人享受劳动果实时，你还能够给予更多，以帮助更多的人。

通过这堂课，你学到了钱有多么重要，如何赚钱，钱能被用在哪些不同的地方。如何使用钱完全取决于你自己。最后，重要的事情不在于你用钱买到了让自己感觉良好的商品或服务，而是如何用你的钱将自己变成一个更好、更明智的人。

参考文献

"10 Reasons Why You Should Save Money (Even When Borrowing Is Cheap and Easy)." *Mymoneycoach.com.* Accessed September 22, 2015. http://www.mymoneycoach. ca/saving-money/why-save-money.

"1975 Economy/Prices." *1970sFlashback.com.* Accessed July 28, 2015. http://www.1970sflashback.com/1975/Economy. asp.

"1995 Economy/Prices." *1990sflashback.* Accessed August 2, 2015. http://www.1990sflashback.com/1995/Economy. asp.

Asmundson, Irena, and Ceyda Oner. "What Is Money?" *Finance & Development*, Vol. 49, No. 3, September 2012. Accessed August 2, 2015. http://www.imf.org/external/pubs/ft/ fandd/2012/09/basics.htm.

"Average Salaries for Americans—Median Salaries for Common Jobs." Foxbusiness.com. July 9, 2015. Accessed November 1, 2015. http://www.foxbusiness.com/personal-finance/2015/07/09/average-salaries-for-americans-median-salaries-for-common-jobs/.

Bank of America. "Annual Reports & Proxy Statements." Accessed October 30, 2015. http://investor.bankofamerica. com/phoenix.zhtml?c=71595&p=irol-reportsannual# fbid=dSyS8TA3bAB.

Biedenweg Ph. D, Karl. *Basic Economics.* Illinois: Mark Twain Media, Inc., 1999.

Biedenweg Ph. D, Karl. *Personal Finance.* North Carolina: Mark Twain Media, Inc., 1999.

Bloomberg. "Markets Cross Rates" Accessed November 15, 2015. http://www.bloomberg.com/markets/currencies/ cross-rates.

Bureau of Labor Statistics. "Average Retail Food and Energy Prices, U.S. and Midwest Region." Accessed October 30, 2015. http://www.bls.gov/regions/mid-atlantic/data/ Average-RetailFoodAndEnergyPrices_USandMidwest_ Table.htm.

Bureau of Labor Statistics. "May 2014 National Occupational Employment and Wage Estimates United States." Accessed October 30, 2015. http://www.bls.gov/oes/current/oes_nat. htm.

"Charitable Impact Calculator." *Thelifeyoucansave.org.* Accessed October 31, 2015. http://www.thelifeyoucansave.org/ Impact-Calculator.

CNN. "Markets." Accessed November 12, 2015. http://money. cnn.com/data/markets/.

"Credit Education: The Devastating Effects of Bankruptcy."
Lexingtonlaw.com. December 9, 2010. Accessed December
7, 2014. https://www.lexingtonlaw.com/blog/bankruptcy/
devastating-effects-bankruptcy.html.

Federal Deposit Insurance Corporation. "Understanding Deposit
Insurance." Accessed January 27, 2015. https://www.fdic.
gov/deposit/deposits/.

Furgang, Kathy. *Kids Everything Money: A Wealth of Facts, Photos,
and Fun*. Washington DC: National Geographic Society,
2013.

Godfrey, Neale S. *Ultimate Kids' Money Book*. New York: Simon
& Schuster, 1998.

Gower, John. "Savings 101: What is a CD (Certificate of Deposit)?"
Nerdwallet.com. Accessed September 26, 2015. https://
www.nerdwallet.com/blog/banking/savings-101-cd-
certificate-deposit/.

Grabianowski, Ed. "How Currency Works." *Howstuffworks.
com*, September 2, 2003. Accessed August 2, 2015. http://
money.howstuffworks.com/currency.htm.

Grosvenor Jr., Charles R. "Prices in the Seventies." *Inthe70s.com*.
Accessed July 22, 2015. http://www.inthe70s.com/prices.
shtml.

"How Many Countries Are in the World?" *Worldatlas.com*. Accessed
July 9, 2015. http://www.worldatlas.com/nations.htm.

"Job Index (United States)." *Payscale.com*. Accessed November 7, 2015. http://www.payscale.com/index/US/Job.

Kane, Libby. "What 9 Successful People Wish They'd Known About Money In Their 20s." *BusinessInsider.com.*, September 8, 2014. Accessed October 24, 2014. http://www. businessinsider.com/what-ceos-wish-they-knew-about-money-2014-9?op=1#ixzz3E18B22FF.

Kapoor, Jack R., Les R. Dlabay and Robert Hughes. *Personal Finance.* New York: McGraw-Hill Irwin, 2012.

Kellaher, Karen. "Kid's Economic Glossary." *Scholastic.com*, February 2, 2008.Accessed September 26, 2015. http:// www. scholastic.com/browse/article.jsp?id=3750579.

Korkki, Phyllis. "Why Do People Donate to Charity." *Bostonglobe. com*. December 22, 2013. Accessed August 7, 2015. https://www.bostonglobe.com/business/2013/12/22/ nonprofits-seek-understand-why-people-give-charity/ 72b4B2kbKiXqNzxnQbKAtO/story.html.

M&T Bank. "Understanding the 5 C's of Credit." Accessed September 20, 2015. https://www.mtb.com/business/ businessresourcecenter/Pages/FiveC.aspx.

McWhorter Sember JD, Brette. *The Everything Kids' Money Book.* Massachusetts: Adams Media, 2008.

Melicher, Ronald W., and Edgar A. Norton. *Introduction to Finance Markets, Investments, and Financial Management.*

New Jersey: John Wiley & Sons, Inc., 2011.

Morrell, Alex. "Buffet Donates $2.8 Billion, Breaks Personal Giving Record." *Forbes.com.* July 15, 2014. Accessed October 31, 2015. http://www.forbes.com/sites/alexmorrell/2014/07/15/buffett-donates-2-8-billion-breaks-personal-giving-record/.

"New Residential Sales in September 2015." *Census.gov.* Accessed October 30, 2015. http://www.census.gov/construction/nrs/pdf/newressales.pdf.

"New York Stock Exchange: Company Listings." *Advfn.com.* Accessed October 31, 2015. http://www.advfn.com/nyse/newyorkstockexchange.asp.

Northwestern Mutual. "What is the Stock Market?" Accessed July 20, 2015. http://www.themint.org/kids/what-is-the- stock-market.html.

"Top US Exports to the World." *Worldsrichestcountries.com.* Accessed October 18, 2015. http://www.worldsrichest-countries.com/top_us_exports.html.

"Top US Imports from the World." *Worldrichestcountries.com.* Accessed October 18, 2015. http://www.worldsrichestcoun-tries.com/top_us_imports.html.

United States Postal Service. "Forever Stamp Prices Unchanged." January 15, 2015. Accessed July 28, 2015. http://about.usps.com/news/national-releases/2015/pr15_004.htm.

"Value Investing Explained In 7 Quotes: Value Investing, Done Well, Can Make You Wealthy." *The Motley Fool*. Accessed October 31, 2015. http://www.fool.com/investing/value/ 2014/07/29/value-investing-explained-in-7-quotes. aspx.

"What Is the Most Important 'C' in the Five Cs of Credit?" *Investopedia.com*. Accessed September 20, 2015. http:// www. investopedia.com/ask/answers/040115/what-most-important-c-five-cs-credit.asp.

"What Is the Difference Between the Five Cs of Credit and Credit Rating?" *Investopedia.com*. Accessed September 20, 2015. http://www.investopedia.com/ask/answers/033015/ what-difference-between-five-cs-credit-and-credit-rating. asp.

会**存钱**也会**花钱**

[美] 沃尔特·安达尔（Walter Andal）著

王思睿 申晨 译

机械工业出版社
CHINA MACHINE PRESS

北京市版权局著作权合同登记　图字：01-2021-5481 号。

图书在版编目（CIP）数据

好玩的金融. 2，会存钱也会花钱 /（美）沃尔特·安达尔（Walter Andal）著；王思睿，申晨译. — 北京：机械工业出版社，2024.1

书名原文：Finance 102 for Kids: Practical Money Lessons Children Cannot Afford to Miss

ISBN 978-7-111-74518-1

Ⅰ.①好… Ⅱ.①沃… ②王… ③申… Ⅲ.①金融学 – 青少年读物　Ⅳ.①F830-49

中国国家版本馆CIP数据核字（2023）第242668号

机械工业出版社（北京市百万庄大街22号　邮政编码100037）
策划编辑：刘文蕾　　　　　　责任编辑：刘文蕾　丁　悦
责任校对：王荣庆　张　薇　责任印制：张　博
北京联兴盛业印刷股份有限公司印刷
2024年4月第1版第1次印刷
130mm×184mm·4.625印张·59千字
标准书号：ISBN 978-7-111-74518-1
定价：99.00元（共2册）

电话服务　　　　　　　　　网络服务
客服电话：010-88361066　　机　工　官　网：www.cmpbook.com
　　　　　010-88379833　　机　工　官　博：weibo.com/cmp1952
　　　　　010-68326294　　金　书　网：www.golden-book.com
封底无防伪标均为盗版　机工教育服务网：www.cmpedu.com

致　谢

首先，我要感谢我亲爱的妻子安妮。从阅读早期草稿到为我提供深思熟虑的、建设性的建议，她一直是我的磐石和灵感来源。从心底里感谢你，我最亲爱的妻子!

另外，我要感谢《洛杉矶邮报》编辑服务部的丽莎·罗贾尼。感谢她用心编辑本书手稿并在整个出版过程中给予我指导。

非常感谢我的主要插画师、充满创造力和勤奋的理查德·彼得·戴维，能与如此优秀的人共事是一种荣幸。

在我对这个主题的研究过程中，我还要感谢詹妮弗·布雷西尼和乔尔·卡恩的见解和反馈。

特别感谢我的长子加布里埃尔·安达尔，为金融学中最重要的概念之———复利提供了例证。

这本书还要献给我们四个了不起的孩子加布里埃尔、安吉洛、雅各布和TJ，愿这本书成为你们追求成功和幸福的灯塔！

目　录

引 言

欢迎来到金融小课堂

你好，白金汉先生！欢迎回来，这里是另一门令人兴奋的财商课程！

在《钱是怎么流动的》那本书中，你学习了钱是如何出现的，如何能赚到钱，为什么储蓄很重要，以及如何让你的钱变得更多。你还深入了解了信贷的好处和风险，关于股票市场和经济的基础知识，以及回馈社会的意义。

我们来回顾一下之前的课程内容，金融学是一门管理钱的学问。钱是可以通过不同方式来赚取或获得的，比如打工、创业或投资。当然，你有可能赚钱，也有可能赔钱。当你超支的时候，当你做了错误的投资决策时，或者当你没有好好管理自己的钱时，你就可能会赔钱。

理财也许不像你想的那么容易。有些人对于钱的管理做了错误的决定，有些人把赚来的钱都花光了。在需要用钱的时候，没有足够的储蓄会给人造成很大的压力。当你的钱不足以负担基本需求时，如食物、衣服、住房和教育等，你的生活可能会变得很糟糕。没有钱，有的人甚至会失去房子、汽车和个人物品。如果你的钱不足以负担生活的基本需求，那么你就更不可能负担得起其他在今天看来很重要的东西了，如手机、电脑、书籍和互联网服务。

学习关于钱的各种技能就像学习数学、音乐或运动技能，也需要你在实践中不断摸索，一蹴而就是不可能的。你必须不断地阅读和学习，向人们寻求指导和建议，并实践自己所学的东西。当你开始和钱打交道了，你可能会犯错，但只要你从这些经历中吸取教训，就没问题。重要的是，你要一步一步地发展自己的理财技能，并且随着年龄和智慧的增长，不断提升自己的理财技能。

所以，欢迎阅读本书！这是一门财商课。在每一节课上，你将会学到一个关于钱的知识，这些知识能帮你建立和巩固各种你所需且有用的技能。有了耐心和开放的心态，你就可以运用在课上学到的内容做出关于钱的更明智的决定。请记住，今天你用钱做的事会对未来的你产生巨大的影响。

准备好学习更多内容了吗？让学习（和乐趣）开始吧！

第 1 章
明智地支出

会**存钱**
也会**花钱**

第1课

量入为出地生活

量入为出是最好的理财方式之一。这个理念意味着，你所要花费的钱不能超过你拥有的钱。当你选择了量入为出，你就限制了自己的开支范围，你的支出会比你已经拥有的或将要拥有的更少。换句话说，你没有超支。你可能会问："一个人花的钱怎么能比他拥有的更多呢？"请记住，在上一本书里，我们了解了信用卡和其他借款方式的"威力"，比如用于学生贷款和汽车贷款。有了信用卡，即使现在手头没有钱，你也可以马上买到东西。当你遇到紧急情况或必须购买你真正需要的东西时，信用卡非常有用。然而，当人们拥有信用卡后，最大的挑战是它允许人们购买超出自己负担范围的东西，人们可以轻松地花钱，而不必考虑自己是否有能力偿还债务。有时，人们会低估使用信用卡进行不必要消费的危险，直到自己无力偿还和管理债务时，才能醒悟。

量入为出并不意味着丧失生活品质，也不意味着失去美好的东西。你可以自由地选择如何使用你收到或赚到的钱，然而，你也有责任审视自己是否负担得起。任何人都可以明智地做出如何花钱的选择，过上美好而怡然的生活。你现在可能无法得到自己想要的所有东西，但你仍然可以在进行少而精的消费时攒下一些钱，以备未来的不时之需。有时候，你需要的是计划性以及一定程度的自律和耐心，这样才能使事情顺利进行，也只有如此，钱才会给你带来享受，而不是变成债务，给你带来负担。

第 2 课

了解"需要"和"想要"的差别

你有没有思考过需要和想要之间的差别？需要，是你为了生活而必须拥有的东西；想要，是能让你快乐、舒适或兴奋的东西，但实际上，没有它你也能正常生活。需求更容易识别，因为它是生存所必需的。你有基本的需要，比如食物和水，居住的地方和衣服。如今，有些人认为教育也是一种需要。因为良好的教育可以为一个人提供知识和技能，这些知识和技能可以极大地帮助一个人在生活中取得更大的成功。

有时，你很难在需要和想要之间划清界限。例如，服装是一种需要，因为它能保护并修饰我们的身体，但一件100美元的名牌衬衫或一条200美元的名牌牛仔裤可能就不是真正的需要了。同样，需要和想要也会因人而异。专业运动员可能需要一双顶级跑鞋，但对于一个普通的学生来说，同样的一双跑鞋可能就属于想要的东西了。

为了帮助你确定一件物品是你需要的还是想要的，在购买前先问问自己以下三个问题。如果你对这三个问题的回答都是肯定的，那么你正在看的物品很

可能是你想要的。

　　了解了需要和想要之间的差别对于有效管理你的钱相当有用。它可以帮助你做出更好的选择，避免不必要的花费。如果能确定你要购买的物品是你想要的，那么在付款前你可以先暂停，重新评估一下是现在购买，还是以后再购买，或者是根本不用购买。当你可以对"想要"的东西说"不"的时候，你不但不会有什么损失，还会获得很多收益。

　　请记住，购买你真正想要的东西没有错。你有权享受自己挣到的钱。然而，如果能够不屈从于自己所有的想法与欲望，那么你获得的不仅是自控力，还有对钱的掌控力。虽然你还年轻，可能觉得没有迫切储蓄的需要，但当你能够提前为将来某个时候必须购买的更重要的东西做好准备时，你就把握住了先机。所谓未来更重要的东西包括诸如接受高等教育的机会、带你去上班的汽车，以及为你和未来的家庭遮风避雨的房子，等等。

第3课

创建并遵循一种简洁的预算方式

预算是对一段时间内支出和储蓄的书面规划。"一段时间"可以指一周、一个月或者一年。做预算可以让你通过可视化的方式了解自己能赚多少钱或收入多少钱，可以在不同的物品或类目上支出多少钱，以及你可以留出多少钱用于储蓄。当你有预算时，你可以判断自己是否有足够的钱来买所有你需要和想要的东西。

做预算对人们非常有帮助，但很多人拒绝做预算，因为他们错误地认为这样做费时费力。还有些人认为自己太穷了，用不着做预算。然而，无论你有多少钱，做预算都是非常重要的，因为预算可以为你的财务状况带来秩序。

做预算有很多好处。

首先，做预算可以防止超支。当你制定预算时，会仔细规划把钱花在哪些项目或类别上。如果你遵循预算，那么你就更容易抵制预算中没有列出的且不必要购买的东西。

其次，预算使你能够优先考虑支出。排定优先级意味着决定哪些事情对你来说是更重要的。当排定支出的优先级时，你会考虑自己想要的类目，并从中确定哪些类目在预算中是属于优先级或更高级的。考虑到你的钱数额有限，做预算可以让你做出权衡，把钱花在自己认为更高优先级的类目上。通过分清轻重缓急，把钱用在对你更有意义的事情上，这样做既能让自己开心又不会让自己陷入财务困境。

再次，预算可以让你在支出上具备一定的灵活性。当你做预算时，你会决定自己在不同的类目上花多少钱，比如食物、衣服、学校用品和娱乐活动。这样做的好处是，只要你达到了总体目标，你就可以做出一些调整。例如，你想在周末和朋友一起去看电影，可能就要在接下来的几天里减少在其他类目上的支出，这样你就可以有更多的钱和朋友一起出去玩。

最后但并非最不重要的一点是，做预算就像制定游戏攻略一样，它告诉你如何在将来某个时候买到你想要的昂贵物品。如果你想要一台功能强大的笔记本电脑，或者你想要去现场观看最喜欢的职业运动队的比赛，那么你可以把更多的钱放到一个基金里，以后你可以用这部分基金来支付金额特别大的花销。你能省出的钱越多，你就能越快达到你想要的目标。

本的月度预算

入账资金（收入）	
看护婴儿所得	$80
月度零用钱（$10 / 周 ×4）	$40
月度总收入	$120
出账资金（支出）	
食品（$15 / 周 ×4）	$60
饮品（$2 / 周 ×4）	$8
在校花销	$7
新上衣	$12
月度费用小计	$87
慈善捐款	$3
月度总支出	$90
当月节省金额	$30

我们一起看看本的月度预算：本估计自己这个月能赚120美元，他计划将其中的87美元用于食品、饮料、学校用品和服装等支出，还留出了3美元作为慈善捐款，预计到本月底将剩余30美元。正如你所见，这个预算需要本控制和优先考虑自己的支出，并思考自己应该如何花钱，并节省出一部分以备将来不时之需。

第4课
尽量减少冲动购买

冲动购买是指人在没有计划和不考虑后果的情况下进行的购买。冲动购买是由情绪和感觉驱动的。许多人冲动地买东西，目的就是迅速地满足自己的需求或欲望。有些人看到打折的东西就兴奋，一冲动就买下来了，也有些人在感到悲伤或压力时会冲动购买，因为购物能够让他们快乐或者帮助他们放松。

冲动购买的对象可以是任何东西，从糖果、巧克力盒或玩具等小件物品，再到鞋子、智能手机、高端电视机，甚至汽车等更昂贵的物品。有时冲动购买会让人陷入财务困境，特别是当它"挤占"了为购买必需品而预留的资金时。

偶尔的冲动购买是可以的，只要购买的是低成本、高回报的物品。例如，你在结账的队伍中顺便给自己买的糖果或饼干，又或者在一次紧张的考试后，你和朋友一起去看了场电影。然而，在进行诸如智能手机、珠宝或汽车之类的大宗采购时，你不能冲动。冲动购买的昂贵物品很可能是不必要的东西，这种行为很容易影响你的财务状况。

有时，你很难抑制购买冲动，尤其是当你想买的是低成本、高回报的东西时。为了应对这种冲动的消费，有些人会在预算中拿出少量的钱作为"杂项支出"，以防自己需要进行计划外的支出或冲动购买。这种方式可以让你满足自己的部分欲望，同时不会造成巨大的预算缺口。

第 2 章

成本和价格

会**存钱**
也会**花钱**

第5课
研究价格与比较价格

研究进展如何？

一切顺利，妈妈。我发现，苹果无线耳机专业版第三代昨天发售了，而且上一代耳机比原来要便宜50美元呢！

我说的是你历史课论文研究得怎样了，周五就要交了。

哦，我正打算晚饭后开始弄它。

你所购买的商品和服务的价格可能因商店而异。有时，在同一个地区，同样的商品会出现不同的价格。价格变化的原因有很多。一些商店把产品的价格定得更高，因为这些商店希望给客户提供更多的东西，例如更好的客户服务，更干净、更井井有条的购物环境，更多的产品选择，或者更宽松的退货和换货政策。另一方面，有许多商店选择以较低的价格出售商品，因为它们保持着较低的运营费用，把节省下来的钱回馈给消费者。还有一些商店降低售价的原因是为了在与邻近商店的激烈竞争中占得先机。

因为相同或相似产品的价格可能会有所不同，所以你可以在购买前通过比较价格来省钱，尤其是在购买昂贵物品或平日所需物品时，更应当比价。要确定价格是偏高还是偏低，你必须对价格进行研究和比较。比较购物是指在购买前比较不同供应商的产品或服务的价格的做法。

互联网让比较购物变得很方便。当你在网上比价时，你可以看到不同在线供应商的价格，还可能看到一些本地商店的价格。比较购物非常有用，尤其是当你打算购买昂贵的物品时，比如智能手机和电脑。通过关注价格的差异，你可以明智地做出最物有所值的消费选择。

当你在网上购物时，你需要考虑运费，因为这可能会使你最终的花费比你看到的原始价格更高。当你的消费金额达到一定数额时，有一些在线供应商可以提供免费送货服务，还有一些供应商提供其他类型的免费送货：例如你在网上下单，供应商会把货品送到你所在地的商店，你可以去指定地点提货，这样也能免运费。远离那些收取"手续费"的在线电商，它们会以低价诱惑你，然后以手续费的形式向你收取额外的费用。如果把运费和／或手续费加上，你最终支付的价格可能会比在其他电商那里买更高。

在购买家庭用品和杂货时，你可能会注意到许多产品的包装尺寸不同，价格也随之不同。确定哪种包装最物有所值的方法就是比较单价，即每计量单位的价格，如盎司、磅、克或升。大包装的产品通常单价更低，这意味着更物有所值。然而，在批量或大规模购买之前，你必须确保在保质期之内能够用完所有的东西。

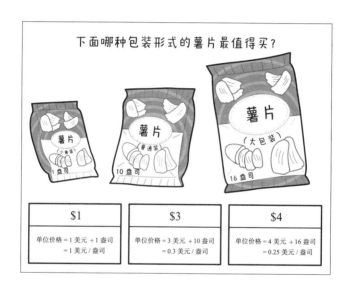

下面哪种包装形式的薯片最值得买？

$1	$3	$4
单位价格 = 1 美元 ÷ 1 盎司 = 1 美元 / 盎司	单位价格 = 3 美元 ÷ 10 盎司 = 0.3 美元 / 盎司	单位价格 = 4 美元 ÷ 16 盎司 = 0.25 美元 / 盎司

虽然"大包装"的单价更便宜，但最合适你的包装大小还是应当由你的需要来决定。如果你想买一份

零食来消除饥饿感，或者你只是想尝尝味道，那么1美元的"小食装"可能很合适你。但如果你喜欢吃薯片，或者你想和家人或朋友一起分享，那么买最大的那袋是最划算的。

第6课

人人都要纳税

在商店购买一件商品时，你可能会注意到支付的金额与原始价格标签不同，这是因为人人都必须纳税。税收是指人们和企业支付给政府的钱。政府征税是为了用这部分钱向公众提供服务，主要包括教育、医疗、娱乐和安全等方面的服务。政府还使用税收收入支付政府公务员的工资以及基础设施建设的费用，例如用于建道路、桥梁、医院、学校和图书馆。此外，税收收入还用于维护街道、公园、海滩和其他公共区域的秩序和清洁。

政府以多种方式向民众和企业征税。当某人从工作或生意中赚到钱时，政府会征收所得税。房屋、土地和建筑物等固定财产的所有者需要缴纳财产税。当人们购买某些商品和服务时，如书籍、电话、汽车和互联网服务等，政府会向购买者征收营业税。

你几乎必须为每一次购买都支付营业税，所以必然要考虑到自己需要支付的这些额外的费用，尤其是当你计划购买大宗物品时更是如此。即使你可能已经攒了足够的钱去买你想要的东西，但你手里的钱可能还不足以支付包括税在内的全部购买成本。

随着年龄的增长，你开始赚到了更多的钱，可以预料到的是，你不会获得自己赚到的全部的钱，因为你必须向政府缴纳所得税。如果你在一家公司工作，你的雇主很可能会预扣或提取你工资的一部分来支付所得税。雇主直接把这笔钱作为你的所得税交给政府。如果你是个体经营者，这意味着你拥有一家企业，或者你在为自己打工，那么你必须在年底留出一定比例的收入用来纳税。不缴纳所得税你可能会遇到大麻烦。

第7课
在大宗购买之前考虑一下支出总额

有些个人设备、小工具和机器可能需要你花费额外的费用才能让它们为你正常工作。它们包括了视频游戏机、手机、电脑和汽车。除税费外，你可能还需要支付的一些额外费用，包括汽油、电力、服务/订阅费、保险、维护和维修。为了说明这一点，让我们探讨一下拥有一部手机和一辆汽车的真实成本。

手机只有在打电话、收发信息以及访问互联网时才会用到。当有可用的免费无线网络时，你可以使用手机连接到互联网，无需额外花钱。但在免费无线网络区域之外，除非你订购了手机/互联网服务，否则你无法连接到互联网。

订购手机/互联网服务的价格因电信运营商而异，也取决于你选择购买的套餐。套餐中包含的通话/上网时间、数据流量和功能越多，价格就越高。手机套餐的价格从每月 10 美元到 100 美元不等，甚至更多。假设你有一个每月 20 美元的基本套餐，意味着你每年的话费是 240 美元（12 个月 ×20 美元）。所以，即使你能以很划算的价格买到一部手机，你也需要知道购买手机和订购互联网服务的总成本，因为这会对你的预算产生影响。

买车比买手机复杂得多。一个正在考虑购买汽车的人需要认真思考与使用、维护和保养汽车有关的额外费用和责任。首先，除了裸车的标价之外，你需要纳税并支付其他费用。要开动一辆汽车，你需要购买汽油（或者为电动汽车支付电费）。用车用得越多，你需要的汽油也就越多。当你开车上学或上班时，你可能需要支付停车费。这辆车还需要在相关部门注册，你必须每年支付注册费。为了使车辆保持良好的运转状态和安全性能，你必须把车开到经销商的店面定期更换机油和空气滤清器。有时，车坏了，你还需要购买新的零件，并支付修理费。每隔几年，车辆还需要更换新轮胎。

如果你是贷款买车，银行还会向你收取贷款利息。此外，银行和政府都会要求你购买汽车保险。保险是一种金融工具，可以帮助人们妥善处理风险和损失。保险有很多种类，例如家庭保险、健康保险、人寿保险和汽车保险。当你的车出问题时，比如当发生碰撞，或者有人盗窃/破坏你的汽车时，汽车保险会确保你能获得一些经济上的帮助。当司机发生事故时，保险公司可以支付修理汽车的费用，也可以针对事故对其他车辆、人员或其他财产造成的损失进行赔偿。然而，保险不是免费的。保险费用可能是高昂的，尤其是对于一个长期没有良好驾驶习惯和记录

的年轻人，或者对于一个鲁莽且有不良驾驶记录的人来说。

正如你所看到的，拥有一辆车的总成本远远超出了车辆本身的标价或每月的驾驶成本。认识到真正拥有一辆车的成本可以帮助你制定更准确、更现实的预算。了解你需要支付的额外费用可以让你更好地为用车做准备。如果拥有一辆车的总成本会给你带来很大

的负担，那么你可以考虑再等等或再多存点钱，直到你有足够的储蓄来支付所有费用时再考虑买车。如果迫切需要买车，但又难以负担实际的购车成本，那该怎么办？你可以考虑购买更便宜的汽车，因为这样一来你每月的花费也会更低。

第8课
高需求对应高价格

你还记得上一本书中关于需求和供给的知识吗？回想一下，当需求旺盛，而供应不足时，商品价格往往会上涨。另一方面，当需求减少，商品供应充足时，价格可能会下降。让我们用两个场景来说明需求和供应的变化是如何导致价格变化的。

2020 年年初，当新型冠状病毒袭击世界时，防护设备（如口罩和手套）以及家庭卫生用品（如洗手液和卫生纸）的价格飙升，因为人们担心这些物品在商店里售罄而大量囤积。有趣的是，就连任天堂 Switch 等游戏机的价格也在疫情期间上涨了，因为许多人都被困在家里不能外出，人们想方设法要让家里人开心，而电子游戏则提供了一个很好的娱乐方式。同样地，全世界各地的许多产品，包括游戏机在内，供应被中断，因为在疫情期间，许多工厂不得不暂停运作。最终，当局势稳定下来后，这些商品的价格又回落到接近疫情爆发前的水平。

另一个很好的例子是关于 iPhone 8。2017 年 iPhone 8 发布时，售价接近 700 美元。需求非常高，许多忠实的 iPhone 用户在发布当天就早早地在商店前排队。最终，需求放缓。到 2018 年，许多人能够以 600 美元的价格购买 iPhone 8。2019 年，iPhone 11 发布，人们对 iPhone 8 的需求进一步下降，因为许多人转而购买最新机型，那时 iPhone 8 的价格降到了 450 美元，这意味着比最初的价格低了 250 美元。尽管有了更新的版本，但 iPhone 8 在 2019 年仍然被认为是一款技术不错且性能卓越的手机。

当一件商品由于高需求而出现高价格时，等待或找到一个更实惠的替代品可能是不错的选择，尤其是在你并不迫切需要立即购买这种高需求商品的情况下，更是如此。你可以在购买前耐心等待一段时间，或者考虑选择其他更优惠的替代品，以此实现省钱的目的。

专家智谈

"做一个精明的消费者是
通往财富的第一步。"

——马克·库班
（企业家、投资人）

第9课
避免购买加价商品

有些商店会出售加价商品。所谓加价商品就是价格高于惯常价格。凭借着位置优势，这些商店的价格更高，因为它们为顾客提供了便利。这样的商店包括便利店、机场店铺、电影院特许柜台、纪念品商店和自动售货机。

便利店是一种小型的零售商店，出售日常用品，如食品、饮料、杂货、家居用品、药品、洗漱用品和杂志。便利店通常会开在特别显眼的位置，交通便利，停车方便，在这里顾客可以轻松地停车并快速购买所需的物品。加油站旁边有许多便利店。通常，便利店是 24 小时营业的，这意味着即使在深更半夜，人们也可以在店里买东西。许多人愿意在便利店支付高价，因为方便快捷对他们来说非常重要。

如果你去过机场，你可能会注意到里面卖的东西都比较贵。机场店铺的产品价格更高是因为在机场内部经营的成本更高。这些商店的优势在于，它们拥有大量的航空乘客，这些乘客没有任何选择，只能在等待航班时从机场店铺里购买所需的物品。

你可能还会注意到爆米花、水、苏打水、糖果和零食在电影院里卖得非常贵。在电影院里买零食和饮料的钱可能比买票的钱还要多。有些观众只买电影票，但有些观众则看重爆米花、零食和苏打水带来的价值，即使价格很高也会买，因为他们想充分享受自己的观影体验。

许多人愿意支付额外的费用来享受这些商店提供的便利。然而，当你把钱花在出售加价商品的商店时，你的钱也会减少。如果你能在电影院、便利店或机场等场所暂缓花钱的冲动，那么你就能在普通商店花更少的钱买到同样的东西了。

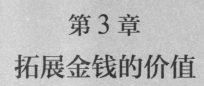

第 3 章

拓展金钱的价值

会存钱
也会花钱

第 10 课

使用优惠券和促销代码

优惠券是在购买商品时可以用来获得折扣的一张票据或文档。优惠券是由商店和制造商发行的，通过邮件、报纸、杂志和营销传单分发，一些优惠券也可以从零售商和制造商的网站上下载。优惠券可显示当你购买某一特定商品时，你会享受到多少折扣。当你带着优惠券到商店时，你必须在付款前将它出示给收银员，收银员会按照优惠券上注明的信息给你打折。

零售商发行优惠券是为了吸引顾客进入他们的商店。制造商也可以发行优惠券，他们的目标是吸引顾客试用他们的产品。大多数优惠券都有一个有效期限，到期后优惠券将不再有效或不再被接受。

促销代码，也称为折扣代码、优惠券代码，是一种由计算机生成的由数字和字母组成的代码，可用来在网上购物时获得折扣或优惠（如免费送货）。这个概念与纸质优惠券非常相似，顾客必须在网上付款前出示折扣代码（把代码输入促销代码框）。

只要可以上网，你就可以获得促销代码。顾客可以使用搜索引擎查找促销代码。许多博客和聊天论坛也会通过社交网络共享促销代码。有时，在商店或制造商的网站上注册新用户也能获得促销代码。虽然有时你可能会收到无效的促销代码，但在按下购买按钮之前，别忘了检查一下是不是有促销代码可用。如果这样能为你节省一些钱，那还是值得的。

优惠券和促销代码各有利弊。从积极的一面来看，顾客可以立即看到自己在购买时节省了多少钱。另一方面，优惠券会诱使你购买不需要的东西。如果你手上或智能手机里有优惠券，你可能不想错过以折扣价格购买商品的机会，即使这个商品你没必要购买。为了让优惠券真正为你服务并为你省钱，请只把优惠券用在你日常购买的物品或有计划购买的物品上。

有些人不使用纸质优惠券，因为他们认为使用优惠券会让自己看起来很"掉价"。事实正好相反，实际上优惠券使任何顾客都能成为一个精明的消费者。使用优惠券或促销代码节省的每一分钱都意味着你有更多的钱可以添加到自己的储蓄当中。你不必追求每次买东西都有优惠券用，但只要你需要购买的东西有优惠券，那优惠券就是值得使用的。不管怎样，你在购买时能省则省总归是好的。

第 11 课

询问特价商品和折扣是有必要的

不同的商店时不时会用打折或特价促销来推广他们的商品或服务。服装零售商通常在季节更替或新款上市时进行促销。同样地，快餐连锁店和餐馆也会提供折扣和价格优惠的菜品，从而吸引看重价格的顾客。很多时候，商家还会给学生提供一些特殊的折扣。

在购买手机或平板电脑等电子产品时，你可以考虑买旧款的型号，这可能会节省一些钱。为了处理库存，电子产品厂商在推出新型号时会给旧型号打折。有趣的是，新型号上的一些改动或改进可能没有那么重要，或者对你来说可能不那么重要。旧型号可能和新型号一样好用，但你付出的成本更低。事实上，购买旧型号有一个很大的优势：它已经被成千上万的消费者试用和测试过了，顾客可以很容易地阅读到关于这些产品的在线评论。

许多商店的店内和店外都会展示促销和特价信息。然而，也有一些时候，商家促销的活动并不明显，也有可能促销标志在促销活动结束之前就被商家拿走了。在某些情况下，促销活动只能通过口头传播。

当你走进一家商店时，询问优惠活动、促销或折扣是很有必要的。通常，商店工作人员会告诉你他们目前的促销活动和特价信息，特别是当你礼貌地向他们询问时。如果商店没有什么特别的活动，工作人员可能会告诉你他们即将进行的销售或促销活动。即使他们说"没有"，请记住，你不过只是问问，也没什么损失。如果这家商店碰巧有很多适合你的东西，那就是你的幸运日了！当你能够获得任何关于促销和特价的信息时，你就是在拓展你手上钱的价值。

第12课

"打折促销"不是购买的理由

你可能已经看到实体店和网上商店闪烁着的招牌和横幅上写着，高达 50% 的折扣、买一送一或清仓大甩卖。像这样的折扣和促销活动对许多顾客来说是非常有吸引力的，有些人可能会认为这是一个绝佳的购买机会，他们不想错过。

购物可以是一种令人兴奋的体验，尤其是当你可以以更低的价格购买商品时。然而，当一个人对折扣和促销活动太过兴奋时，他可能会禁不住诱惑去购买自己并不真正需要甚至是不想要的东西。即使有大减价，无论折扣力度有多大，你不需要的商品折扣对你来说也没什么意义。

如果正在打折的商品已经是你计划内的支出项目，那么你应该考虑购买它。同样地，如果你觉得正在打折的物品是你以后需要的，你当然可以利用这个机会来省钱。例如，当你的书包已经有破洞了，而一家商店正在提供书包的巨大折扣时，看看打折的书包可能是值得的。当你找到一个打折的好书包时，可以当场就买下它。然后，当旧书包实在不能再用时，就把新买的书包拿出来用。

把钱花在不必要的事情上是不明智的决定。如果你在促销活动中没有找到自己需要的东西，什么东西都没买，也没必要难过。与其强迫自己去买一件不确定是真正想要还是真正需要的促销商品，还不如干脆不买，省钱了，不买立省百分百，这比你能找到的一切折扣和促销都要好。总是可以等待下一次促销活动，那时你仍然要买一个真正符合你需求的好东西。

第13课

你可以"淘"到划算的
二手或翻新商品

有很多东西你应该购买全新的，比如鞋子和运动安全装备，但也有一些东西你可以购买二手的或翻新的，价格比全新的便宜得多。你可以买到的二手的或翻新商品包括电子游戏、家具、手工工具和书籍。除了省钱之外，重复使用这些物品可以使它们远离垃圾桶和垃圾填埋场，这样一来你还为环保做了贡献。

　　购买二手物品的挑战在于要确保物品状况良好、无损且仍然是有价值的，或者是还没有过时的。通常，购买二手商品是"一锤子买卖"，这意味着顾客无法退货或换货。在网上购买二手商品时，最好查一下卖家的信誉。大多数应用程序和转售网站允许买家和卖家在交易后对自己的体验进行评分。你应该避免从评价不好的网站或经销商那里购买二手商品，很可能他们出售的商品质量很差，或者他们提供的信息不准确。

　　当你上大学时，你必须准备的支出之一就是书籍。坏消息是，一些出版商会出版最新版本，即使在最新版的书里并没有添加太多的新内容，但前一个版本看起来仍然是过时的。好消息是，许多老师允许学生使用旧版本的教材。在这种情况下，最好的选择是购买二手书，省下的钱可以用来支付学校里的其他费用。

翻新商品是指已退回商店的产品。商品退回的原因有很多，可能是该商品不符合买家的期望，也有可能是包装在商品交付过程中受损，或者只是买家改变了主意。在商店二次销售退回的商品之前，商店或制造商必须测试商品，进行必要的维修，把大多数电子产品的软件重置为出厂设置。商品在二次销售前将被彻底清洗和重新包装。在大多数情况下，翻新后的商品与全新的一样好，而且价格更低。

在购买手机、电视、笔记本电脑和平板电脑等电子产品时，你可能需要比较全新商品和翻新商品的价格。如果价格差异很大，你可以考虑购买翻新商品。此外，你应该只从提供保修或退换货服务且信誉良好的商家那里购买翻新商品。当商店提供保修或愿意回收翻新商品时，这些店铺最有可能为翻新商品提供质量保证。

专家智谈

"节俭不等于廉价！节俭意味着精打细算，避免浪费。"

——凯瑟琳·普尔西弗
（作家）

第14课

避免不必要的升级

制造商一直在持续改造和改进自己的产品，然后会发布新的版本，从而在竞争中占得先机，并销售更多的产品。例如，你可能看到过许多手机广告都在宣传更先进的功能，比如更快的速度，更高的分辨率，更时尚的设计，更好的安全功能，更大的内存或更高级的相机镜头。

随着技术的不断进步，许多人觉得有必要跟上这些潮流的变化。当制造商发布最新版的产品时，一些消费者就会感到升级的压力。然而，当新版本出现时，升级你的电子设备可能并不总是必要的。只要你的手机适合你，并且它的特性和功能可以满足你的需要，那么也许就没必要升级。避免不必要的升级能在当下帮你节省更多的钱，以后你觉得有必要升级的时候可以再动用省下来的这部分钱。

随着时间的推移，你最终需要更换或升级一些个人和家庭用品。例如，你的汽车、空调、洗衣机和电视迟早会坏掉，修理和维护的费用可能会很高。这些老旧的东西可能耗电量大或能效很低。总有一天，用更好、更高效的产品替代老旧的东西是更经济的选择。等到了那一天，你就要研究所有的备选商品，如果可能的话，从你信任的人那里得到一些建议，他们可以帮你做出正确的选择。

第 4 章

社会和媒体影响力

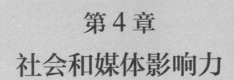

第 15 课

警惕那些让你花钱的营销"陷阱"

我们经常被广告"轰炸"。当你打开电视时，你会看到各种电视广告。当你访问互联网时，弹出式广告可能会打断你的浏览体验。你的家里会收到大量的营销传单、信件和明信片。报纸和杂志上充斥着数以百计的广告和促销公告。街边五颜六色的广告牌吸引着通勤人群的注意力。当你去购物中心或杂货店时，还会看到各种各样的横幅和促销标志。

企业在营销策略上花费了大量的资金，所有的目的都是吸引你的注意力，吸引你试用它们的产品或服务，培养品牌忠诚度，从而让你花更多的钱。营销是产品销售的一个重要方面。

虽然广告可以为你提供更多关于不同产品和服务的信息，但广告也可能影响你购买自己不需要的东西。识别出不同的营销策略可以让你抵御不合时宜的购买或计划外购买的诱惑。

以下是一些不同企业为了让你花更多的钱而使用的营销策略和技巧。

- 商店使用巨大的促销标志，目的是吸引人们走进商店，让他们进行计划外的购买。

- 营销人员通过促销给顾客创造出一种紧迫感。广告可能会说促销活动只在有限的时间内进行，或者说商品库存极为有限。这样做会给顾客带来一点压力，迫使他们在时间耗尽或库存耗尽之前购买。

- 许多商店在靠后的位置才会摆放人们日常的必需品，如牛奶和鸡蛋。偶尔，商店也会重新安排商品布局，这是为了迫使顾客在寻找自己需要的商品时穿越商店，从而让他们在商店里停留时间更长。顾客在店内停留的时间越长，看到的商品越多，他们购买计划外商品的可能性也就越大。

- 收银台过道上堆满了小商品，吸引顾客在最后一刻再多买一点或刺激冲动购买。

- 大公司雇佣名人和明星来宣传或代言它们的产品。借助知名度和影响力，引导粉丝或追随者购买名人和明星代言的商品。

- 厂商付费在电影、电视节目和视频游戏中植入自己的产品。你可能会看到电影中的主要角色穿着某一种新款的鞋子，穿着某个品牌的服装或驾驶某个品牌的汽车，这就是植入式广告。这是一种微妙的方式，让观众对某种产品产生积极的感受，继而记住这些植入产品并产生购买的意愿。

广告和其他类型的市场营销手段可以帮助你获得更多关于产品和服务的信息。你掌握的信息越多，就越能做出更好的决定。广告也可能会介绍一些你原先不知道的新产品，让你更深入地了解你想要买的东西。然而，广告也可以诱使你把钱花在你不需要甚至不想要的东西上。这就是为什么你需要及早识别出哪些是广告，不要让广告或任何其他营销手段操纵你的购买行为，影响你的储蓄决定。

第16课

买品牌还是买产品？选择适合你的

人们购买名牌产品的原因各不相同，许多人把大品牌与高质量联系在一起。而有些人仅是单纯地喜欢名牌产品，因为他们在使用过后感觉良好。有些人购买名牌产品是为了显示自己的某种地位或希望以此融入某个社交圈子。

名牌产品的生产商在广告、代言和包装上花费了巨额资金，目的是让自己的产品更受欢迎，并让自己的产品看起来卓尔不群。由于在营销和推广方面的巨大投入，生产商不得不以更高的价格销售自己的名牌产品。此外，名牌产品的定价更高，有时反而能够帮助这些产品在与对手的竞争中脱颖而出，因为在许多人心里，更高的价格就代表着更好的质量。

另一方面，通用产品是与名牌产品基本相似但很少做广告的商品。通用产品的包装可能不像名牌产品那样令人印象深刻，因为生产商在广告和包装上花费不多，所以通用产品的价格通常低于名牌产品。

虽然名牌产品通常被认为质量更好，但这并不意味着购买名牌产品总是更明智的选择。许多不太知名的品牌或通用产品具有相似或堪比名牌的质量。许多平价的通用产品也能给消费者提供同等的价值。

有趣的是，一些名牌产品生产商还会生产自己产品的通用版本，以吸引不愿在名牌产品上挥霍的消费者。生产商要么对相同的产品重新包装，要么生产不同的版本。然后，他们通过制定一个有竞争力的定价来吸引那些对价格敏感的消费者。

不同的人有不同的偏好和看法，购买名牌产品也没有什么错。然而，如果想省钱，消费者可以选择高端、名牌产品的替代品。如果你愿意使用比较便宜的替代品，就可以用相同的钱买到更多的东西，或者把更多的钱存入到你的储蓄当中。

第17课
抵抗消极的同伴压力

同伴压力是指按照同龄人或同伴的规则去做事以达到并符合他们期望的一种心理压力。来自同龄人的压力可能是积极的，也可能是消极的。在学校，成绩优异者的鼓励会让你更加努力，更加专注于自己的目标，这就是积极的同伴压力。反之，如果你逃课或喝酒是因为周围的很多朋友都在逃课或喝酒，这就是消极的同伴压力。大多数孩子会屈服于同龄人的压力，因为他们想融入同龄群体当中，避免被同龄人拒绝或羞辱。

　　同伴压力会极大地影响你管理钱的方式。出于同伴压力，你可能会被迫购买某个品牌的服装或昂贵的电子产品，理由只是为了融入同龄群体当中。如果你的朋友想让你和他们一起去购物中心或参加聚会，你可能会感到有压力，因为你不想成为"孤家寡人"。然而，屈服于这种压力会让你无法实现自己既定的目标，甚至可能让你陷入财务困境。也许你可以通过买一些自己不需要的东西谋求同龄人的喜欢，而那正在花掉你未来会用于更重要用途的积蓄。

抵制消极的同伴压力是很困难的，尤其是在你和朋友们长时间相处的情况下。然而，当同龄人迫使你做出不适当的行为时，你仍需要对他们说"不"。有时候，你甚至可能不得不远离那些对你产生消极影响的人。如果在处理消极的同伴压力方面有困难，你应该和父母或辅导员谈一谈。他们或许有办法帮助你抵抗这种压力。

当然更好的是，你让自己成为一个能对同龄人产生积极影响的人。一次争取一个同伴的支持，让这个同伴对他们的钱做出正确的决定。当有足够多的孩子一起做出积极行动时，同龄人之间的相互影响能够帮助更多人做出明智的选择。

朋友之间应该互相帮助，共同成长，一起成为更好的人。真正的朋友不会让你陷入困境，当你陷入困境时，他们也不会有好的感觉。这可能很难，但你可以成为朋友们的好榜样。如果你看到自己的朋友超支，提醒他们明智地使用自己的钱是表达关心的一种方式。你没必要监督朋友的消费习惯，也不必控制他们的消费。但是，当你向朋友展示你的关心，鼓励他们更好地管理自己的钱时，你就是在帮助他们成功，你也会赢得他们的信任和尊重。

专家智谈

"人生最重要的事情就是遵从自己的本心，不要屈从于同伴压力而去尝试你不愿意做的事情。"

——艾伦·德杰尼勒斯
（电视主持人、演员）

第 18 课

和邻居攀比，一场注定失败的战斗

你的邻居或朋友可能住在很大的房子里，开着昂贵的汽车上学，或者享受着很奢华的小玩意和十分漂亮的衣服。有时候，你可能会嫉妒他们比你拥有更好更贵的东西。有时候，这会让你感到困扰，想拥有相同甚至更好的东西。因此，你可能会要求父母给你买一双顶级跑鞋、一条昂贵的名牌牛仔裤，或者一部和别人相似的新款智能手机，又或者你可能用自己的积蓄买一件花哨的东西，只因为你想和自己的朋友、邻居"步调一致"。

　　不幸的是，试图和邻居或朋友攀比注定是一场失败的战斗。因为每次你接近"终点线"时，总会有人购买更好的东西来改变"终点线"。即使你购买了当时最新的智能手机或电子设备，更新的智能手机或电子设备很快就会面世，然后你可能会认为自己的设备已经过时了，因为你的一个朋友已经购买了更新的型号。

　　用你所拥有的东西与邻居或同龄人所拥有的进行比较会让你心生痛苦和怨恨。但是，你无法确切了解别人家的真实经济状况如何。有些人的父母可能确实事业成功，生意兴隆，能买得起昂贵的东西。然而，也有些人可能入不敷出，无法真正负担得起奢华的生活。他们可能过度使用了信用卡，或者深陷各种债务，又或者他们可能是"月光族"，没有足够的储蓄应急或为长远做打算。

你要避免与他人攀比，因为你和你的家人可能有和别人不同的财务目标和优先事项，就算你父母的收入与那些高消费的家庭收入相同，但是你的父母可能不想把钱挥霍在家庭不需要的昂贵物品上。不同的人有不同的优先事项，对你的父母来说，优先事项可能是让你有更多的机会参与丰富多彩的活动，而且他们的首要任务可能是为你上大学攒学费，储备自己的退休金，又或者仅仅是为了未雨绸缪而攒钱。如果你把注意力转移到自己的优先事项上，转移到能给生活真正带来持久幸福的、更重要的事情上，你可能会更有满足感，而不是盯着别人拥有了什么。

专家智谈

"你更应该关注的是自己的性格，
而不是自己的虚名。因为性格决
定了你真正是谁，而虚名只不过
是别人认为你是谁。"

——约翰·伍登

（篮球教练、运动员）

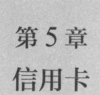

第 5 章

信用卡

会**存钱**

也会**花钱**

第 19 课
如果可以负责任地使用信用卡，
它就是个好东西

在上一本书中，你了解到了什么是信用卡。信贷是借款人和贷款人/债权人之间的协议，借款人从中获得有价值的东西，并承诺在未来支付费用。当你用信用卡购物时，你就成了借款人。债权人为你购买商品，向商店付款。作为一个借款人，你必须全额偿还债权人所借出的每一分钱，这意味着你用信用卡买的东西都不是免费的！

你可能会问，无论如何都必须得偿还所有欠款，那为什么还要使用信用卡？为什么不只用现金来避免超支的风险呢？的确，信用卡会导致超支，但如果使用得当，信用卡也有很多好处。这些好处包括了：

1. 当你的钱包里没有足够的现金时，信用卡使支付更便捷。信用卡在处理财务紧急情况或计划外开支时也非常有用。

2. 你可以轻松掌握自己的开支。信用卡公司每月会向你发送账单，详细记录你所有的购买行为。许多信用卡公司还提供季度和年度支出汇总，这对你制订财务计划和预算很有帮助。

3. 信用卡有助于你建立良好的信用记录和评级，当你未来申请更大额度的贷款时，如学生贷款、汽车贷款和住房贷款，你的信用记录是非常有价值的参考。当然，只有正确管理好你的信用卡，才能获得良好的信用评级。

使用信用卡还可以获得奖励和现金返还。现金返还指使用信用卡购物后，信用卡公司返还给你的钱。因为你信用记录良好，信用卡公司希望留住你这个客户，于是为你提供返还现金的奖励。有时，信用卡公司可以提供高达 3% 的现金返还，这意味着你使用信用卡每花 100 美元，信用卡公司就会返还给你 3 美元。如果使用信用卡购买必需品且能够享受现金返还，那么使用信用卡就是一种明智的选择。

专家智谈

"你最大的敌人就是你的账单。欠的账越多，你的压力越大。账单带给你的压力越大，你就越难关注自己的目标。"

——马克·库班
（企业家、投资人）

第**20**课
永远不要错过信用卡还款

当你使用信用卡时，信用卡公司每个月都会给你寄一份对账单。对账单上列出了你在过去一个月内进行的所有交易、还款总额、最低还款金额以及最后还款日，你可以选择全额还款、部分还款或者支付贷款人设定的最低还款金额。只要你在规定的日期前还清全部欠款，就不会被收取任何利息。利息就是使用银行或信贷机构的钱而产生的费用。如果你只是部分偿还了信用卡的欠款或者只是支付了最低还款金额，信用卡公司就会向你收取由未付余额而产生的利息。

使用信用卡时要遵循的一个良好指导原则是，只花你能够偿还得起的钱。信用卡公司通常对未支付的余额收取高额利息，当利息累加起来时，极易成为你的负担。除非急需购买某一物品，并且你不能有任何迟疑，否则你正确的选择是等自己买得起的时候再买。

如果无法全额还款，你仍然需要至少支付给信用卡公司设定的最低还款金额。作为借款人，你有义务每月定期还款，不及时支付信用卡债务可能会导致不愉快的后果。

当信用卡债务被拖欠时，债权人将开始在利息的基础上收取滞纳金。他们会立即发信提醒借款人还款。有时，他们会直接联系借款人，提醒借款人还款。如果借款人继续无视催款单或催款信函而不还款，债权人将采取更严厉的措施催收，比如向信用机构举报借款人，甚至把你的账户发送给债务催收机构进行处理。

信用卡欠款不仅代价高昂，而且还会影响到你的事业和声誉。许多雇主在筛选求职者时会查看他们的信用报告。如果潜在雇主看到你已经有几次欠款未还的记录，他们可能会考虑把工作机会给另一个求职者，因为按时还款是一个人更成熟和更有责任感的信号。如果有一天你需要租房，房东也可以查看到你的信用报告，因为房东可能更愿意把公寓钥匙交给一直按时还款的人。

你已经了解到，信用卡可以是一个很好用的工具，它可以帮助你管理自己的钱，建立一个良好的个人信用记录。拥有一张信用卡是令人兴奋的，但你必须要知道并理解信用卡超支和不按时还款的后果。你需要时刻担负起自己的责任，因为管理不当的个人信用可能会让你付出巨大的代价，并损害你的信誉。

第 6 章

储蓄和投资

会**存钱**
也会**花钱**

第21课
学习延迟满足

延迟满足是指为了在将来获得更好或更大的回报而在当下放弃或搁置一些有趣或令人愉快的东西的行为。比如，在考试前一天的晚上去学习而不是去玩电子游戏。玩电子游戏固然很有趣，但你也知道为了考试而学习可以帮助你得高分，从长远来看，考得好带来的回报和满足感更大。然而，即时满足的诱惑和快乐有时很难抗拒。

在财务管理领域，延迟满足是指推迟你现在想买的东西，以便将来你能够拥有更好的东西。当你在储蓄的时候控制了个人消费，这就是在把自己的满足感延迟，即延迟满足。

延迟满足对很多人来说都是一个巨大的挑战。对自己想要的东西说"不"并不容易，你需要坚强的意志力和远见来实现延迟满足，而远见是一种超前思考和为未来做准备的能力。

当制定预算时，你可能会设定短期目标和长期目标。短期目标是你想在一年或更短时间内实现的目标，而长期目标是你想在几年内实现的目标。举个例子，短期目标可以是存钱买一台电脑以满足学业的需要。出于延迟满足，你可能不得不在没必要升级手机的时候放弃购买新手机，或者你可能不得不限制外出就餐的次数，这样你就可以节省出额外的钱，用来购买电脑。

获得大学学位是一个长期目标的好例子。一般来说，拥有大学学位的人一生的收入要比没有大学学位的人多得多。然而，读完大学可能要花很多钱，特别是如果你决定去一所著名的私立学校，学费更是不菲。虽然你可以申请奖学金和学生贷款，你也可以在小时候就通过延迟满足来省钱，给自己设立大学基金，积攒学费。虽然你可以现在就用自己的钱做一些有趣的事情，但你也可以省下一些钱来帮助自己为将来读大学做准备。

"为了长期更大的收益而在短期内自律,这种延迟满足的能力是获得成功的必要前提。"

——布莱恩·特雷西

（演讲家、作家）

第 22 课

运用复利的"威力"

你还记得我们在上一本书中学到的关于如何计算你的钱能赚多少利息的公式吗？

利息 ＝ 本金 × 利率 × 时间

回顾一下，利息是使用金钱而获得的报酬。如果你把钱存到银行，允许银行使用你的钱去开展其他业务，银行就会向你支付使用费，你的钱就会产生利息。如果三个因素（本金、利率、时间）中的任何一个因素变大，你就会获得更多的利息。也就是说，你投入银行储蓄的钱（本金）越多，或者银行的利率越高，又或者你储蓄的时间越长，你获得的利息就会越高。

一般来说，你无法控制利率，因为这一部分是由市场中多种因素共同决定的。尽管各个银行的利率可能略有不同，但国家的总体利率是一致的，并且可能随着时间的推移和经济状况的不同而变化。好消息是，你可以控制其他两个因素。你能够决定自己可以节省下多少钱，以及把多少钱放进银行。你还可以决定自己什么时候开始储蓄和投资，以及你把钱放到银行里多久。

利息有两种：单利和复利。单利是仅适用于原始本金的利息。例如，当你在一家每年支付 5% 利息的银行存款 1000 美元时，你的存款将获得 50 美元 / 年的单利（1000 × 5% × 1 年），如图 1 所示。

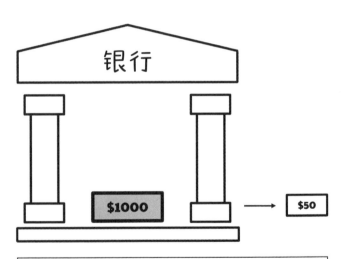

图 1：年化 5% 意味着，满 1 年后你的 1000 美元会获得 50 美元的利息。

现在假设你决定把原来的 1000 美元本金和 50 美元的利息都继续存在银行里。当这种情况发生时，你获得的利息也将进入到账户中。这就意味着，在第二年开始时，你的本金就成了 1050 美元，因为你将去年所得的 50 美元利息也存进了银行，如图 2 所示。

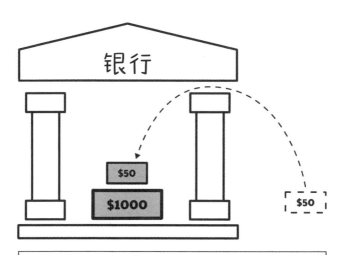

图 2：从第二年第一天开始，这 50 美元的利息会存入你的银行账户，这时你在银行的本金总额就成了 1050 美元。

由于你获得的利息已添加到银行账户中了，因此这部分钱也将产生利息。假设银行的利率保持在5%，这50美元将单独产生2.5美元的利息，而你原来的1000美元还将继续产生50美元的利息。到年底，你将总共获得52.5美元的利息，如图3所示。

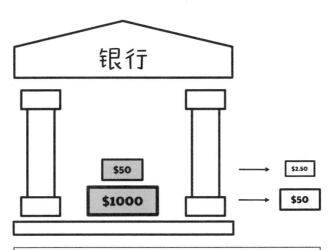

图3：到了第二年的最后一天，这50美元就会获得2.5美元的利息，而原来的1000美元则会产生另外50美元的利息。这样，利息收入总额就是52.5美元。

假设你继续把钱存在银行里，你在上一年获得的利息也将再次添加到本金中。这意味着在第三年开始时，你在银行的存款总额将达到1102.5美元（1000+50+50+2.5），如图4所示。

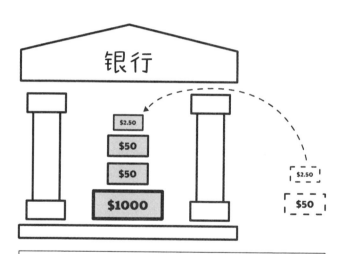

图4：从第三年第一天开始，50美元和2.5美元这两笔利息都会继续进入到你的银行账户，这时你在银行的本金总额就是1102.5美元了。

然后，在第三年年底，你在银行里的所有存款都将产生利息。假设利率仍然保持在 5%，你在银行的存款将产生 55.12 美元的利息。请参见图 5 中的金额明细。

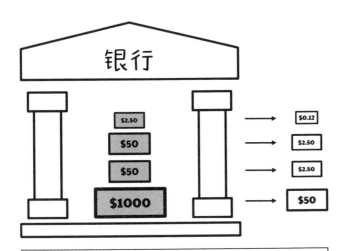

图 5：到了第三年的最后一天，2.5 美元会产生 0.12 美元的利息，之前的两个 50 美元则会各产生 2.5 美元的利息，而原来的 1000 美元还是会产生另外 50 美元的利息。这样，利息收入总额就是 55.12 美元。

第一年（50美元）与第二年（52.5美元）和第三年（55.12美元）的利息有什么不同吗？得益于复利，你的存款每年都变得更多。简言之，复利是适用于原始本金的利息以及产生并添加到本金中的所有利息。换句话说，你可以在获得利息的基础上再赚更多的钱！复利会产生滚雪球效应，因为你原来的钱加上你获得的利息在一起增长，如图6所示。

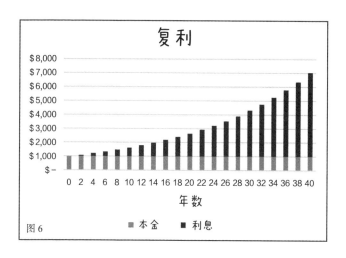

图6

从上面这个例子来看，你获得的利息似乎并不是太多，但你可以看一下这张图表，它显示了长期以来你的钱可以产生多少利息，复利将对你的储蓄和投资产生多么巨大的影响。

有了复利，你的钱每年可以"生"出更多的钱，因为你可以从利息中再获得利息。假设你的存款持续以每年5%的速度增长，那么你储蓄和投资的1000美元将在大约14年内会翻一番，40年后价值将超过7000美元。这不是很神奇吗？复利是一种强大的储蓄工具，它可以帮助你实现财务目标。就连著名科学家阿尔伯特·爱因斯坦也对复利着迷，他把复利称为"世界第八大奇迹"。

第 23 课

让时间“站在”你这边

像你这样的孩子可以从复利中受益匪浅，因为你比成年人有更多的时间让自己的钱增值。你越早开始储蓄和投资，收获的回报就越大。当你早早开始储蓄和投资时，你就给了钱更多的时间来"生长"。当你给自己的钱更多的时间"生长"时，复利的力量可以帮助你赚更多的钱。

为了帮助你理解时间是如何影响金钱的，让我们来举例说明一下，早储蓄和晚储蓄对年轻人来说有多大的区别。

本从 2020 年开始存钱，而乔治则乐于花掉他所有的收入。本每月储蓄 50 美元，存入一家支付 5% 复利的银行。20 年后，乔治终于意识到为未来储蓄的重要性，因此他也开始每月储蓄 50 美元，并将这笔钱存入支付 5% 利息的同一家银行。他们两人继续在接下来的 20 年里每月节省 50 美元。以下就是他们 40 年后的收益状况：

　　如你所见，本省下的钱是乔治的两倍（24000 美元 vs 12000 美元）。更令人惊讶的是，本的投资比乔治的投资（48480 美元 vs 7840 美元）赚了更多的收益，因为本利用了时间和复利的力量。本的财务状况要好得多，这都是因为他比乔治更早地开始储蓄和投资。当你综合利用了时间和复利的力量，你将拥有一个更有保障的未来！

许多人看到了储蓄的重要性，但有些人不愿意储蓄。通常情况下，人们的收入会随着时间的推移而增加，但他们也会随之改变生活方式，花更多的钱，导致积蓄全无。不幸的是，如果你不愿意储蓄，你的经济就不可能有保障。储蓄非常重要，因为未来是难以预测的。当出现意外开支或紧急情况时，你能够留出一些钱以备不时之需，也许就能解燃眉之急。

当新冠病毒在 2020 年年初袭击全球时，许多人被这场突如其来的疫情"打"得措手不及。数百万人因为疫情引发的经济和企业的不景气而失去了工作，那些失去工作却几乎没有积蓄的人无法维持家庭开支，他们中的一些人不得不在"食品银行"排队领取救济食品。令人心碎的是，在疫情来袭之前能够买得起豪华汽车和昂贵衣服的人失业后由于没有积蓄甚至买不起生活必需品。

当你还年轻的时候，应该养成储蓄和投资的好习惯。非常谨慎的做法是，至少将你所赚到或收到的钱的 1/3 存起来，作为未来的预备金。当你带着定期储蓄的习惯步入成年后，攒钱就不会像想象中那么困难了，因为你已经养成了一个良好的习惯，并且有了做出更明智选择的自律性。

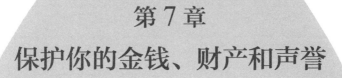

第 7 章

保护你的金钱、财产和声誉

会存钱

也会花钱

第 24 课

别把省下来的钱存在鞋盒里

有些人喜欢把钱放在鞋盒里、床底下、袜子抽屉里，或者房子里某个秘密的地方，有些人觉得把他们的钱放在自己能看到的地方更安全，还有些人把钱存进银行，这样他们在需要的时候再从中取用。

虽然在家里放一部分现金很重要，这样购买小件东西和处理紧急情况的时候会比较方便，但把所有的积蓄都存放在家里可能就不是一个十分明智的做法了。保存在家里的现金有丢失、被盗或被遗忘的风险。任何房子或公寓都有可能失火，如果房子烧毁了，放在鞋盒里的所有钱都可能付之一炬。类似地，飓风、龙卷风或洪水等恶劣天气也会摧毁房屋和房屋内的一切。此外，房子里的现金还可能会被强盗或是熟人偷走。

除了上面这些客观上的损失之外，放在家里的现金随着时间的推移也在贬值。你还记得上一本书中的通货膨胀概念吗？通货膨胀是指商品和服务价格的普遍上涨。一般来说，商品和服务的成本每年都在上升，这意味着你存在房子里的现金在几年后可以买到的东西会更少，因为价格升高了。

假设今天 10 美元可以买到一张电影票。如果你把这 10 美元放进一个鞋盒里，五年后拿出来，它可能就买不到一张电影票了，因为五年后的电影票价格可能会变贵。

如果你想保护自己的钱，让它增值，那么把钱放到银行可能是必要的。银行把钱和其他贵重物品存放在防火的地下室里，那里可以抵御大多数自然灾害。即使银行被抢劫，就像你在电影中看到的那样，你存到银行的钱也是由政府提供一定数额保险的（在美国，保险数额是 25 万美元）。同样地，你在银行里的钱也能产生利息，你的钱在增值，这在一定程度上能抵消通货膨胀的影响。即使银行的利率很低，那也好过把钱放在鞋盒里，再小的增长也比零增长要好。

专家智谈

"钱，放在银行里比穿在你脚上更适合。"

——苏菲·阿莫鲁索
（商务人士、企业家）

第 25 课

保管好个人物品并延长
物品使用寿命

大多数人都有个人物品，包括衣服、鞋子、运动器材、电子设备和车辆等。在个人物品磨损或损坏时，需要加以更换。然而，如果你能够保管好这些物品，那么它们会更耐用。你使用这些物品的时间越长，你就越不需要购买替换品，或者你就越不需要去修理厂。从长远来看，延长个人物品的使用时间更省钱。当你能够长期使用自己所拥有的东西时，你的钱就会变得更有价值。如果你以礼物的形式收到了这些物品，即使没有花自己的钱，你也应该保管好它们，毕竟这可以把你的支出降到最低。

你可以做很多简单的事情来延长个人物品的使用寿命，但这些事往往因为太简单了而被人们忽视。例如，用冷水清洗衣服可以防止缩水和褪色；保持鞋子干净、干燥、气味清新可以让鞋子更耐穿；定期清洁电子设备的通风口和端口有利于换气和散热，降低电子设备过热造成的风险；把用不到的个人物品存放在干净有序的区域也是延长使用寿命的一种简单的方法。你可以在网上很容易地找到更多关于延长个人物品使用寿命的各种方法。

　　保管好个人物品也意味着确保它不被放错地方、丢失或被盗。有时，你有可能不小心把东西忘在了公共场所，也有可能有人肆无忌惮地偷走了你的手机或者新鞋。如果丢失的物品是你上学或工作的必需品，那你别无选择，只能再买一件，这种计划外的支出会使你预算紧张。为了避免这种情况的发生，请记住，始终保护好所有的个人物品，切勿将贵重物品暴露在外。

第26课

保护你的个人信息安全

个人信息是指所有可用于识别和定位一个人的信息。个人信息包括一个人的姓名、出生日期、家庭地址、社会保险号码、驾照号码、银行账号和信用卡号码。当有人在学校、图书馆和商业组织开设新账户时，这些个人信息中的大部分都是必须要提供的。当申请工作机会或以任何形式贷款时，如申办信用卡和汽车贷款，申请人必须通过提供个人信息和身份证明文件来证明自己的身份。

尽管保护个人信息安全的技术在不断进步，但小偷和网络罪犯也随之变得越来越聪明了，他们想方设法窃取个人信息并利用这些信息伪造账户，甚至还会窃取你的信用卡信息并用它购物。

一旦伪造账户产生交易或信用卡被盗刷，债权人最终会向无辜的受害者追责。在大多数情况下，只有受害者澄清自己的身份信息被盗或信用卡被盗刷，对受害者诈骗的指控才会被撤销。然而，澄清的过程极其复杂且耗时极长。

为了避免自己的身份信息被盗，你不应把个人信息透露给自己不认识或不信任的人。你要忽略某些电子邮件、弹出式广告、短信、电话、信件或主动出现在家门口向你索要个人信息的人。你还应该非常谨慎的是，下载陌生人发来的电子邮件里的附件、在手机上安装不必要的应用程序以及在线注册新账户，尤其是在应用程序或网站的可信度存疑的时候，更要小心。

网络罪犯可以通过入侵在线账号获取你的个人信息。大多数在线账户，如电子邮件、社交网络账户、在线商店、游戏网站和在线银行账户都包含了用户的大部分个人信息。黑客入侵最简单的一种方法就是用猜测破解密码。密码越简单，黑客猜测和破解账户就越容易。反之，越复杂的密码越难以破解。

为了加强对网络犯罪的防御，你应该把自己的密码设定得复杂一些，且个人化一些，这样你就很容易记住它们。密码应包含大小写字母、数字以及特殊字符，如感叹号、括号、百分号和"@"符号（如：!Lov3myC@T）。此外，不建议你对不同账户或设备使用相同的密码，因为黑客只要成功入侵一次就可以访问你的许多其他在线账户或设备。

专家智谈

"如果你在门口脚垫下放上备用钥匙，以方便警察，那么同时方便的还有盗贼。罪犯会穷尽一切技术手段盗取他人的账户。如果他们知道那里有一把钥匙，那么在找到这把钥匙之前，他们永远都不会停下来。"

——蒂姆·库克
（企业高管、慈善家）

第 27 课

网络不是法外之地

在线交流已经成为一种生活方式。世界各地的许多人花大量时间在电脑、平板电脑和手机上。他们通过 Facebook、Instagram 和 Snapchat 等社交网络平台浏览信息，彼此交流。互联网使人们能够轻松高效地分享信息、想法、观点、笑话、生活里的重大事件、照片以及视频。

　　在线交流可以帮助一个人与他人建立联系，但任何使用网络工具的人都需要意识到它附带的巨大责任。发布任何损害他人名誉或伤害他人的内容、图片或视频都可能会出问题，继而对你的学业、职业、安全甚至财务状况产生负面影响。

　　互联网承载着大量的信息，许多雇主、招生人员、学校行政人员，甚至学术顾问都会在招聘人员或审核申请的过程中上网检索关于申请人的信息。如果你曾经发布过非法或不堪的内容，或者冒犯其他人和机构的信息，那么这可能会毁掉你进入好学校或找到理想工作的机会。发布非法照片和不实信息甚至可能让你陷入和学校或地方政府之间的法律纠纷。一则信息发布不当就可能导致你被学校除名或者锒铛入狱。

你必须记住，你在网上的行为产生的后果可能会长期困扰你，即使你意识到自己犯了一个错误，并且很快删除了一篇不好的帖子，这些内容也可能会被人截图保存起来，在其他时候重新发布；即使你通过互联网或短信发送给某人的是私人信息，在重新发布时也可能最终会变成对所有人可见的公共信息。遗憾的是，你可能永远无法真正抹掉你曾经在网上发布的内容。因此，在网上发布任何东西之前，一定要三思而后行，并做出正确的判断。

第 8 章

金钱与人生准则

会**存钱**
也会**花钱**

第28课

感恩你所拥有的一切

即使你想要的一切没有真的实现，但是你仍然已经拥有了很多东西，很多对其他孩子来说梦寐以求的东西。许多孩子能接触到的资源远不如你，也无法体验到你能体验到的舒适与便捷。他们的家庭可能正经历着挑战，无法获得想要的东西。有些孩子甚至为了帮助家人谋生而不得不辍学。当你意识到他们并不如你这般幸运时，你也不必为你所拥有的而愧疚，但你必须要对自己所得到的全部祝福而感恩。

值得你感恩的理由有很多。你可以感恩桌上的食物，身上的衣服，还有你所拥有的一切。你也可以感恩让你感到安全和温暖的家，感恩所有能够上网、看电视或玩电子游戏的权利。然而，除了感恩已经拥有的物质财富，你还应该感恩那些让你的生活更加美好的人。感恩关心你的父母和家人，感恩帮助你变得更强大、更聪明的老师，感恩你的朋友、师长、同学和邻居，他们对你的生活产生了不同程度的积极影响。

对周围的人表达感恩永远不应该被认为是矫揉造作的事。当你认真说"谢谢"的时候，你表达的是对别人所做的事的感恩，对他这个人的感恩，感恩他们的行为和品格，并让他们知道这些对你有多重要。这是表达爱和尊重的一种简单而有效的方式。请记住，当感到被爱和被欣赏时，人们会感觉很好。

怀有感恩的心态不仅会使人们对你的印象更积极，还能帮你更好地处理与钱有关的事务。当你选择感恩时，你会更欣赏自己所拥有的东西，而欣赏你所拥有的会让你感到更快乐、更满足。感恩你所拥有的东西能帮你忽视和抵制不断诱惑你花钱的广告。当你看到别人拥有比你更好的东西时，感恩的心态也能防止你心生嫉妒或怨恨。感恩的心态可以让你感到幸福与幸运，无论你的物质条件是简朴还是丰盈的，你都能过上美好的生活。

专 家 智 谈

"对你已经拥有的心存感念，最终，你会拥有得更多。对还未拥有的，耿耿于怀，最终，你永远、永远都不会觉得满足。"

——奥普拉·温弗瑞
（电视主持人、慈善家）

第 29 课

钱不是唯一能使你富有的东西

鞋：$150

手机：$799

和家人朋友共度美好时光：无价

人们常常把富有与拥有很多钱、昂贵的汽车、精美的玩具和大房子联系在一起。钱确实可以买到很多东西，但不是所有东西都可以被买到。这个世界上有很多奇妙的东西可以让一个人以不同的方式变得富足和快乐，即使他的钱很少或者没有钱。

想想你和朋友们在一起玩的时光。如果你有可以一起笑，一起哭，一起成长的朋友，那么你是富有的，因为你有真正的朋友。虽然钱可以买到各种服务，比如司机开车送你上学，私人教练让你保持健康，或者保姆在你生病时照顾你，但钱买不到真正的友谊。

想想你和家人在晚餐时分享食物和欢笑，或者在公园散步，或者一起参加体育活动和宗教仪式的美好时光。如果你有一个关心你的家庭，那么你是富有的，因为你有家人，你可以与他们分享你的欢乐和悲伤，可以依靠他们。无论在你顺利的时候还是坎坷的时候，他们都会支持你。

想想你玩过的游戏，参加过的比赛和活动，体验过的旅行，做过的项目，读过的书，看过的电影，还有你从老师、父母和同龄人那里听到和学到的无数内容，有了这些经历，你就拥有了丰富的智慧和美好的回忆，这些永远值得你珍惜。

想想有一次你以自己的方式帮助了别人，却没有要求任何回报。想想你决定遵守规则的时候，不是因为这是最便捷的方法，而是因为你知道这么做是正确的。当你做了好事的时候，你是富有的，因为你拥有了伟大的品格。良好的声誉是用钱买不来的，只有友善、乐于助人和尊重他人的人才能获得它。

第30课
分享就是关爱

分享财富是一种非常高尚的行为，但许多人不愿意这样做，这可能是因为人们知道赚钱有多艰难，放弃一部分钱让别人从中受益似乎是不理性的。但是，分享是有意义的。当你慷慨大方地捐赠时，你会对所在的社区产生积极的影响。许多分享财富、回报社会的人也在生活中找到了更高的目标和更大的幸福。

在你的社区里，有很多人可能没有你那么幸运。一些家庭可能因为失去父母或亲人而面临经济困难，有些人可能失业了，有些人的健康状况可能会妨碍他们工作或养活自己。

虽然你可能无法完全解决他们的问题，但你可以做一些事情来帮助他们渡过难关，让他们感觉好一点并感受到关心。这样的慷慨行为之一就是向慈善机构和宗教机构捐款。慈善机构是向有需要的人提供帮助的组织。在你们的社区中，有不同的机构和组织在帮助无家可归者、买不起食物的家庭、失踪或被忽视的儿童以及需要帮助的老年人。通过向慈善机构或宗教机构捐款，你就是在帮助许多需要帮助的人改善生活。

　　有些慈善机构接受非资金捐款，如衣服、鞋子、玩具、书籍、罐头食品和学校用品。这些慈善机构要么将捐赠的物品直接分发给有需要的人，要么通过出售捐赠的物品筹集资金。尽管你可能认为自己捐赠的物品或钱不多，但请记住，当你的捐赠与其他捐赠汇集在一起时，就可以成为一股强大的力量，足以产生影响。

　　当你没有能力向所在的社区捐钱捐物时，作为一名志愿者，你也可以慷慨地付出自己的时间并且施展所长。年轻时，你可以为其他在学业或体育运动方面苦苦挣扎的孩子提供指导。随着你的成长，你可以帮忙组织募捐活动和服务项目，宣传推广或者参与公共活动。你还可以为动物收容所、慈善机构、食品银行和宗教机构做一些工作，即使是短期的。作为志愿者，你可以通过多种方式服务社区，也可以向你的学校、当地宗教组织或慈善机构询问作为志愿者可以提供服务的不同方式。

说到分享，你可以有很多选择。但是，无论你选择做出怎样的分享和给予，慷慨助人都是一种有益的体验和经历，因为你可以在自己的社区中产生积极的影响，而且很可能会给别人的生活带来巨大的改变。

专家智谈

"成功，不是指你拥有多少钱，而是指，你是否能让人们的生活变得不同。"

——米歇尔·奥巴马
（前美国第一夫人）

后　记

前人种树，后人乘凉。

　　树木是至关重要的，它们能够保持空气清洁，维护地球生态系统健康。它们提供多种水果、坚果、建筑用木材和造纸用纸浆。在炎热的天气里，树木还可以为你提供荫凉，让你感受到凉爽。但是，树木并不会神奇地出现在你的院子里。如果你想要一棵树，必须挖土、播种、定期浇水，并在树苗慢慢长大、茁壮成长的过程中培育它们。

保障未来财务健康的方法和种树很相似。你必须做出计划，有所付出，还要做一些费力的工作。为了创造财富，保障未来，你需要订计划，做预算，学习良好的理财技能继而加以实践，开源节流，并且谨慎地让钱随着时间增长，这些都是至关重要的。

尽管未来是不可预测的，但你可以尽自己所能为未来做好准备。早做计划、早播种的人未来也会收获丰厚的回报。持续学习，明智地花钱和投资，在你还年轻的时候做出正确的判断，当你长大之后，你将享受辛勤工作和明智决策带来的回报。

很高兴你能再次参加这门课。请保持安全，保持坚强，祝你在未来的旅途中能有好运！直到我们再次见面……

感谢阅读。如果有时间，请在你购书的网站上留下对本书的真实评价。

参考文献

Burkholder, Steve. *I Want More Pizza: Real World Money Skills for High School, College, and Beyond.* Overcome Publishing LLC, 2017.

Butler, Tamsen. *The Complete Guide to Personal Finance for Teenagers and College Students, 2ⁿᵈ Edition.* Florida: Atlantic Publishing Group, 2016.

Clifton, Jacob. "Is It Worth It to Splurge on Name Brands?" Howstuffworks.com. Accessed May 3, 2020. https:// money. howstuffworks.com/personal-finance/budgeting/is-it-worth-it- to-splurge-on-name-brands.htm.

"Dealing with Peer Pressure." Kidshealth.org. Accessed August 2, 2020. https://kidshealth.org/en/kids/peer-pressure.html.

Irby, Latoya. "Tips for Teaching Your Child About Using a Credit Card." Thebalance.com. Accessed July 5, 2020. https://www. thebalance.com/teach-your-child-about-credit-cards- 960193.

Kane, Libby. "Loads of Americans Literally Hide Money Under the Mattress— Here's Why It's a Terrible Idea." Businessinsider.com. February 11, 2015. Accessed July 12, 2020. https://www.businessinsider.com/americans-hidemoney- under-the-mattress-2015-2.

Lieber, Ron. *The Opposite of Spoiled: Raising Kids Who Are Grounded, Generous, and Smart About Money.* New York: Harper Collins Publisher, 2015.

Moss, Wes. "Should You Buy New or Used Items?" Thebalance. com. May 17, 2020. Accessed July 21, 2020. https://www. thebalance.com/should-you-buy-new-or-used-4054264.

"Net Cetera Chatting with Kids About Being Online." FTC.gov. Accessed June 13, 2020. https://www.consumer.ftc.gov/ sites/www.consumer.ftc.gov/files/netcetera_2018.pdf.

Reid, Holly D. *Teach Your Child to Fish: Five Money Habits Every Child Should Master.* Georgia: The Master Playbook, 2016.

Scearce, Jane. "25 Unnecessary Wastes of Money You Don't Think About." Lifehack.org. Accessed July 21, 2020. https:// www.lifehack.org/articles/money/25-unnecessary-waste-smoney- you-dont-think-about.html.

Siegel, Cary. *Why Didn't They Teach Me This in School? 99 Personal Money Management Principles.* South Carolina: CreateSpace Independent Publishing, 2018.

Smith, Kurt. "Why You Shouldn't Try to Keep Up with the Joneses." Pyschcentral.com. July 8, 2018. Accessed June 7, 2020. https://psychcentral.com/blog/why-you-shouldnt-try-to- keep-up-with-the-joneses.

Yarrow, Kit. "12 Ways to Stop Wasting Money and Take Control of Your Stuff." Money.com. November 20, 2014. Accessed May 14, 2020. https://money.com/ overspendingoverconsumption- stuff.